A Arte de Lidar com a Raiva

Tradução
A. B. Pinheiro de Lemos

Sua Santidade, o

DALAI LAMA

A ARTE DE LIDAR COM A RAIVA

O PODER DA PACIÊNCIA

11ª Edição

EDITORA CAMPUS

Do original:
Healing Anger
Tradução autorizada do idioma inglês da edição publicada por Snow Lion Publications

As citações de Shantideva, do *Guia para o Modo de Vida do Bodhisattva*, são da tradução para o inglês de Stephen Batchelor, publicado pela Biblioteca de Obras e Arquivos Tibetanos, Dharamsala, Índia, em 1979.

Copidesque
Ricardo Mesquita

Editoração Eletrônica
DTPhoenix Editorial

Revisão Gráfica
Andréa Campos Bivar
Jussara Bivar

Projeto Gráfico
Editora Campus Ltda.
A Qualidade da Informação
Rua Sete de Setembro, 111 - 16º andar
20050-002 Rio de Janeiro RJ Brasil
Telefone: (21) 3970-9300 Fax (21) 2507-1991

E-mail: info@campus.com.br
ISBN 85-352-0762-7
(Edição original: ISBN 1-55939-073-5)

CIP-Brasil. Catalogação-na-fonte.
Sindicato Nacional dos Editores de Livros, RJ

D138a Dalai Lama, 1935-
A arte de lidar com a raiva: o poder da paciência / Sua Santidade, o Dalai Lama; tradução de A. B. Pinheiro de Lemos da tradução para o inglês de Geshe Thypten Jinpa. — Rio de Janeiro: Campus, 2001.

Tradução de: Healing Anger
Baseado em: Guia do modo de vida de Bodhisattva
ISBN: 85-352-0762-7

1. Paciência — Aspectos religiosos — Budismo. 2. Budismo — Doutrina. Título.

CDD - 294.35
01-0327 CDU - 294.3.5

---

02 03 04 05 15 14 13 12 11

Agradecimentos

O financiamento e o apoio dos Amigos do Tibet do Arizona, em particular de sua presidente, Peggy Hitchcock, permitiu que nossa incipiente organização anunciasse os ensinamentos e iniciasse as incontáveis providências necessárias para a visita. A maior parte dos detalhes da visita ficaram a cargo de uns quarenta voluntários, coordenados por Bonnie Cheney. Os sistemas de gravação em computador foram criados por Dan Crowell, G. Greg Bender e Richard Laue.

Voluntários transcreveram o que é apresentado neste livro das dezesseis horas de ensinamentos orais de Sua Santidade. Agradecemos especialmente a Julie Jones, Karen Garland, Amy Zehra Conner e Julie Montgomery. A transcrição foi depois editada por Ken Bacher e convertida em sua forma final por Kate Bloodgood e Susan Kyzer, da Snow Lion Publications, com a assistência fundamental de Geshe Thupten Jinpa. Foram tomadas algumas pequenas liberdades com a disposição do material transcrito, a fim de apresentá-lo de maneira mais eficaz no formato de livro; os editores, no entanto, empenharam-se em preservar a voz do Dalai Lama ao máximo possível.

Nada disso seria possível sem a cooperação e apoio de Kazur Tenzin Geyche Tethong, o secretário particular de Sua Santidade, e sua equipe; Rinchen Dharlo, do Centro do Tibet em Nova York; e Geshe Thupten Jinpa, que serviu como intérprete de Sua Santidade durante os ensinamentos.

Finalmente, nossos agradecimentos muito especiais a Sua Santidade, Tenzin Gyatso, o Décimo Quarto Dalai Lama do Tibet, nosso mestre e exemplo, por sua generosidade em oferecer estes ensinamentos para todos nós, no Arizona e no mundo em geral. O exercício pessoal da paciência por Sua Santidade é uma inspiração para todos nós. Que ele possa viver por tempo suficiente para virar a Roda do Dharma para seu povo e para todas as pessoas do mundo que o consideram um exemplo de compaixão e bondade iluminada num mundo repleto de desconfiança, conflito e raiva.

Que todos os seres sencientes possam se beneficiar.

LOPÖN CLAUDE D'ESTRÉE
KEN BACHER
Arizona Teachings, Inc.

Sumário

Prefácio

Todos os ensinamentos budistas começam com um mestre e um discípulo. Os ensinamentos de Sua Santidade, o Dalai Lama, em Tucson, Arizona, em 1993, não foram exceção.

Foi em 1986 que o médico Howard C. Cutler solicitou que Sua Santidade fosse ao Arizona. O convite foi aceito em 1990. Em setembro desse ano, Howard pediu que Lopön Claude d'Estrée o ajudasse a definir datas específicas. Finalmente, no verão de 1992, veio o aviso de que Sua Santidade concordara em oferecer seus ensinamentos no Arizona no outono de 1993. Sua Santidade indagou o que deveria ensinar. Howard e Claude responderam que ele deveria apresentar os ensinamentos que desejasse. Sua Santidade declarou que era responsabilidade do anfitrião determinar o que atenderia melhor às necessidades de seus discípulos.

Não demorou muito para que Howard sugerisse os ensinamentos de Shantideva sobre a paciência. Por que a paciência? Em primeiro lugar, queríamos solicitar um ensinamento que fosse universal em seu alcance, algo que atraísse tanto os budistas quanto os não-budistas. Segundo, queríamos um assunto que fosse bastante prático, que se relacionasse com a vida cotidiana. Terceiro, achávamos que uma falta de compreensão da paciência — e seu reflexo no predomínio da raiva — era endêmica em nossa cultura. A raiva é uma das raízes de tanto sofrimento, infelicidade, discórdia e violência em nosso mundo. Aparece centenas de vezes por dia na grande mídia, especialmente na televisão. É encontrada na maneira como resolvemos nossas divergências numa sociedade altamente litigiosa; na maneira como nossos líderes parlamentares se comportam nos corredores do Congresso; no aumento da violência doméstica e das agressões às crianças; e no sentimento de auto-ódio e de auto-aversão que impregna nossa cultura. Polidez, gentileza, paciência e compaixão muitas vezes parecem apenas componentes de nosso passado mítico.

Shantideva declara, logo no início do capítulo sobre a paciência, que um momento de raiva pode destruir uma vida inteira de mérito. A princípio, isso pode parecer uma declaração rigorosa demais; pensando bem, no entanto, faz muito sentido. Quando ficamos com raiva de alguém, muitas vezes desconhecemos o impacto que isso causa no outro e, menos ainda, o efeito de ondulação. Porque existe, sem dúvida, um efeito de ondulação: a pessoa atingida não guarda a raiva só para si, mas a passa adiante, talvez até várias vezes. O antídoto para a raiva é a paciência. Portanto, a divulgação da sabedoria de Shantideva sobre a paciência torna-se uma necessidade crítica nos dias atuais.

No curso do desenvolvimento dessa série de ensinamentos, foi criada a Arizona Teachings, Inc., com o Dr. Cutler, Lopön d'Estrée e Ken Bacher como diretores-fundadores. Decidimos adotar um novo esquema para a apresentação dos ensinamentos de Sua Santidade. No passado, Sua Santidade ficaria hospedado num bom hotel, um grande salão seria alugado e os discípulos iriam para diversos hotéis na área. Nossa visão era ter um lugar em que Sua Santidade pudesse se acomodar e que, ao mesmo tempo, contivesse o salão e os lugares para os discípulos. Em suma, queríamos criar um "campus" por cinco dias, onde todos os que acompanhassem os ensinamentos poderiam relaxar, desfrutando a companhia uns dos outros. Era importante que o cenário fosse belo e sereno, um lugar em que Sua Santidade e sua comitiva, assim como os discípulos leigos e suas famílias, se sentissem enriquecidos pela paisagem natural. Escolhemos o Sheraton El Conquistador Resort, cercado pelo deserto de Sonora, tendo ao fundo as montanhas Catalina, em Oro Valley, ao norte de Tucson.

A manhã da chegada de Sua Santidade a Tucson tinha o céu de um azul profundo sobre o deserto. Um duplo arco-íris surgiu no céu ao nos aproximarmos de Oro Valley. Ao contemplar a beleza natural do cenário para os ensinamentos, Sua Santidade comentou que o lugar o fazia lembrar de Lhasa.

E assim, com esses bons presságios, em 11 de setembro de 1993, no Ano do Pássaro de Água, em Pusch Ridge, no estado do Arizona, inúmeros deuses e semideuses, 1.600 seres humanos e Bodhisattvas, Asuras e Gandharvas reuniram-se para ouvir Sua Santidade Tenzin Gyatso, o Décimo Quarto Dalai Lama do Tibet e a encarnação viva do Bodhisattva Avalokiteshvara, apresentar e comentar os ensinamentos de Acharya Shantideva sobre a paciência e o modo de vida do Bodhisattva. Oramos para que esses ensinamentos proporcionem algum benefício para todos os seres sensíveis.

O Desafio da Paciência

Introdução de Geshe Thupten Jinpa

Uma história popular, que os mestres tibetanos gostam de contar a seus discípulos, narra o encontro de um eremita com um pastor. O eremita vivia sozinho nas montanhas. Certo dia, um pastor passou perto de sua caverna. Intrigado, perguntou-lhe:

— O que está fazendo sozinho no meio do nada?

Ao que o eremita respondeu:

— Estou meditando.

— Meditando sobre o quê?

— Sobre a paciência.

Houve um momento de silêncio. Depois de algum tempo, o pastor resolveu ir embora. Ao se virar, olhou para trás e gritou:

— Antes que eu me esqueça, vai para o inferno!

— Como ousa me falar assim? Vá *você* para o inferno!

O pastor riu e lembrou ao eremita que ele deveria pôr em prática a paciência.

Essa história simples ilustra maravilhosamente o desafio principal para quem deseja praticar a paciência: numa situação em que normalmente haveria uma explosão de raiva, como podemos manter a espontaneidade e, ao mesmo tempo, permanecermos calmos na reação? Esse desafio não se restringe somente aos que praticam a religião. É um desafio que cada qual enfrenta ao tentar viver sua vida cotidiana com algum grau de dignidade humana e decência. Quase que a cada passo, deparamos com situações que testam os limites de nossa paciência e tolerância. Seja na família, no ambiente de trabalho ou simplesmente quando interagimos com outros, muitas vezes nossos preconceitos são revelados, as convicções contestadas e a auto-imagem ameaçada. É num momento assim que nossos recursos interiores são mais necessários. Tudo isso, diria Shantideva, testa nosso caráter, revelando até que ponto desenvolvemos a capacidade para a paciência e a tolerância.

A história também nos diz que a paciência não é algo a ser ser cultivado isolando-se dos outros. Na verdade, é uma qualidade que só pode surgir no contexto de nossa interação com outros, especialmente com outros seres humanos. A reação espontânea do eremita demonstra que seu desenvolvimento interior era tão instável quanto o castelo de areia de uma criança. Uma coisa é se entregar a doces pensamentos de tolerância e compaixão em relação aos outros no ambiente incontestado da solidão, mas é muito diferente corresponder a esses ideais nas interações do dia-a-dia com pessoas de verdade. É claro que não se deve subestimar a importância da meditação silenciosa. Essas práticas solitárias interiorizam percepções que sob outros aspectos permaneceriam no nível do conhecimento intelectual. E, como a maioria das tradições religiosas indianas, o budismo defende a meditação como elemento fundamental para o caminho espiritual. Mas persiste o fato de que o verdadeiro teste de paciência só ocorre no contexto da interação com outros.

O terceiro ponto que podemos observar no breve encontro entre o eremita e o pastor é que a paciência genuína só se desenvolve depois que se adquire algum grau de controle sobre a própria raiva. É claro que reagir com uma explosão de forte emoção, diante de uma agressão verbal não provocada, é uma reação humana natural. Mas uma pessoa genuinamente espiritualizada deve ser capaz de ir além dessas reações humanas previsíveis. É o que Shantideva nos ensina no capítulo "Paciência" de seu *Guia para o Modo de Vida do Bodhisattva*. E nos lúcidos comentários de Sua Santidade o Dalai Lama, temos uma exposição clara dos ideais e práticas que visam a cultivar e aperfeiçoar a vital qualidade espiritual da paciência.

Os ensinamentos sobre a paciência apresentados neste livro são componentes essenciais do que é conhecido no Budismo Mahayana como o ideal Bodhisattva, ou seja, os ideais altruístas do aspirante espiritual que dedica toda a sua vida ao bem-estar dos outros. O ideal Bodhisattva eleva a humildade e a submissão a altos princípios espirituais? Defende a tolerância diante do mal? E o que dizer da raiva e do ódio justificados? O que o ideal Bodhisattva nos pede não é impossível, já que vai contra a natureza humana básica? Essas são algumas das questões que afloram no mesmo instante na mente dos leitores modernos de Shantideva.

SHANTIDEVA E SEU *GUIA PARA O MODO DE VIDA DO BODHISATTVA*

Antes de continuarmos em nosso estudo da paciência, convém dizer umas poucas palavras sobre o *Guia para o Modo de Vida do Bodhisattva* de Shantideva, cujo sexto capítulo constitui o núcleo dos ensinamentos do Dalai Lama neste livro. Escrito no século VIII, a obra de Shantideva logo se tornou um clássico do Budismo Mahayana. Diz a lenda que Shantideva recitou o texto inteiro de forma extemporânea, quando foi convidado a fazer uma preleção para uma congregação de monges na famosa universidade monástica indiana de Nalanda. O pedido para oferecer seus ensinamentos teria derivado de um desejo de humilhar Shantideva, já que os outros monges achavam que ele não fazia nada a não ser "comer, dormir e defecar". Os monges não imaginavam que apesar de Shantideva dar a impressão de que levava uma vida de indolência, tinha na verdade uma vida rica em experiência interior e aprendizado profundo. Os relatos tibetanos da história alegam que, ao chegar ao capítulo nove, o capítulo sobre a sabedoria, Shantideva começou a subir pelo ar e a desaparecer, embora sua voz ainda pudesse ser ouvida.

Independentemente dos méritos dessa lenda, a importância do *Guia para o Modo de Vida do Bodhisattva* no panorama cultural e temporal da literatura indiana não pode ser subestimada. O texto de Shantideva tornou-se uma das obras budistas mais apreciadas. Para o praticante religioso é uma escritura fundamental, descrevendo as práticas essenciais do Budismo Mahayana no caminho para a iluminação. Entre todos os textos religiosos da tradição budista mahayana, pode-se dizer que o *Guia* de Shantideva e a *Guirlanda Preciosa* de Nagarjuna continuam a ser as obras básicas, descrevendo a carreira nobre e altruísta do Bodhisattva. Para os estudiosos e filósofos, o capítulo nove representa uma importante contribuição para o desenvolvimento da filosofia budista do "caminho intermediário". E para os budistas leigos, o texto tornou-se uma fonte de profunda inspiração em sua fé pessoal. Até hoje, o capítulo sobre a dedicação, o décimo e último capítulo, permanece como uma das expressões mais intensas de profundo sentimento religioso na literatura do Budismo Mahayana.

O impacto do *Guia* de Shantideva no Tibet talvez tenha sido insuperável. Desde a sua tradução para o tibetano, no século XI, a obra vem exercendo uma profunda influência sobre a vida religiosa do povo. Sua extensa influência pode ser encontrada nos ensinamentos de todas as quatro escolas principais do Budismo Tibetano: Nyingma, Sakya, Kagyu e Gelug. Além de propiciar amplos estudos relacionais com os ideais e práticas Mahayana, tratados em profundidade na obra, o texto também levou ao desenvolvimento de um novo gênero de literatura, que se tornou coletivamente conhecido como *lo-jong*, ou "o treinamento da mente". É uma categoria de textos religiosos que tratam basicamente de duas preocupações fundamentais da obra de Shantideva, o cultivo da mente altruísta do despertar e a geração de uma profunda percepção sobre a natureza da realidade. A estrofe seguinte está agora quase imortalizada por causa das reiteradas declarações do Dalai Lama de que é a maior fonte de sua inspiração:

> Por tanto tempo quanto o espaço durar
> E por tanto tempo quanto os seres vivos existirem,
> Que eu possa até lá também esperar
> Para dissipar a miséria do mundo. (*Guia*, X:55)

Tornou-se hábito no Tibet, entre os jovens noviços aspirantes, memorizar o texto inteiro do *Guia* de Shantideva, para que as estrofes possam ser entoadas em recitações coletivas. Em sua tradução tibetana, a obra é toda em versos, cada estrofe contém quatro versos metrificados. Até hoje, lembro com alegria as noites que passei em recitações, admirado com a beleza poética e a profundidade dos versos de Shantideva, no Mosteiro Ganden, no sul da Índia, onde recebi minha educação monástica.

Falamos antes sobre algumas questões que poderiam ser formuladas pelo leitor moderno de Shantideva. Deixarei que os próprios versos de Shantideva e os comentários objetivos do Dalai Lama falem por si. Contudo, como tradutor para o inglês dos ensinamentos da Dalai Lama, vou me empenhar em oferecer algumas palavras de explicação, que possam ajudar a mostrar um contexto útil para as percepções de Shantideva e do Dalai Lama. Assim fazendo, espero também ajudar a situar os ensinamentos contidos neste livro num contexto mais amplo.

A palavra tibetana *soe-pa*, que é aqui traduzida como "paciência", tem várias conotações. Literalmente, *soe-pa* significa "abstenção"; em sua forma verbal, é "resistir" ou "suportar alguma coisa", como no caso de "suportar dificuldades". Mas quando o termo *soe-pa* é usado para descrever uma qualidade, como no caso do caráter de uma pessoa, seu significado é melhor compreendido como "tolerância". Em tibetano, uma pessoa que possui uma capacidade de tolerância desenvolvida é "grande em *soe-pa*". Mas "tolerância" por si só não transmite o significado completo de *soe-pa;* afinal, é sempre possível que uma pessoa com um temperamento tolerante também seja muito impaciente. Já uma pessoa que é "grande em *soe-pa*" também tem um temperamento paciente. Claro que não estou sugerindo que o termo tibetano deva ser traduzido como "paciência/tolerância/abstenção", pois isso seria contrário a todas as regras de escrita. O que desejo aqui é chamar a atenção para os vários significados do termo tibetano, para que o leitor, no mínimo, esteja consciente da complexidade dos conceitos envolvidos.

Ao defender a prática da paciência, Shantideva não está sugerindo que devemos simplesmente nos submeter aos abusos e explorações dos outros. Também não está recomendando uma política de aceitação simples e passiva do sofrimento e da dor. O que propõe é uma posição firme contra as adversidades. Em seu comentário, o Dalai Lama traça uma distinção entre docilidade e tolerância. Sugere que a tolerância genuína só pode surgir quando a pessoa conscientemente adotou uma posição de não retaliar contra um mal concreto ou percebido. O ponto central aqui é "posição adotada conscientemente". Embora nem Shantideva nem o Dalai Lama dêem uma definição explícita de paciência, podemos afirmar a seguinte, como uma definição funcional. "Paciência" (*soe-pa*), segundo a noção budista do princípio, é uma "reação determinada contra a adversidade derivando de um temperamento assentado, que não é perturbado por distúrbio interno ou externo".

Sem qualquer sombra de dúvida, isso não pode ser descrito como submissão passiva; em vez disso, é um método ativo de enfrentar a adversidade. A análise de Shantideva sobre a paciência ocorre dentro da estrutura do que poderia se chamar de três características da paciência. São as seguintes: (1) tolerância baseada na aceitação consciente da dor e das dificuldades; (2) tolerância resultante da reflexão sobre a natureza da realidade; e (3) tolerância em relação às ofensas dos outros.

Shantideva analisa o primeiro aspecto da paciência nos versos de 12 a 21. Começa por ressaltar que a dor e o sofrimento são fatos naturais da existência, e que negar essa verdade só pode causar mais angústia. Depois, passa a argumentar que se pudéssemos interiorizar essa verdade fundamental de nossa existência, obteríamos enorme benefício na vida cotidiana. Por um lado, veríamos o sofrimento como um catalisador para o crescimento espiritual. Shantideva indica que uma pessoa capaz de resistir ao sofrimento dessa maneira pode aceitar voluntariamente a dor e a dificuldade envolvidas na busca de um propósito superior. Em teoria, todos temos consciência desse princípio. Para nos proteger de doenças tropicais, muitas vezes nos submetemos à dor das vacinas. Ao argumentar ser possível o treinamento para aceitar uma dor maior do que somos capazes de agüentar agora, Shantideva escreve os seguintes versos memoráveis:

> Não existe absolutamente nada
> Que não se torne mais fácil pelo conhecimento.
> Assim, ao tomar conhecimento dos pequenos males,
> Aprenderei a aceitar pacientemente os grandes males. (*Guia*, VI:14)

Ele conclui a análise da primeira característica da paciência ao chamar a atenção para os aspectos positivos do sofrimento, se é que algo pode ser descrito como "positivo" na dor e no sofrimento. Shantideva assevera que é a experiência do sofrimento que nos desperta do sono espiritual. É também o sofrimento que permite nos identificarmos com a dor dos outros, assim despertando uma compaixão genuína. Além disso, é o sofrimento que nos incute o medo do mal, tão crucial para a pessoa religiosa. Finalmente, é nossa percepção do sofrimento que reforça o anseio pela liberdade espiritual. É claro que muitos desses sentimentos podem ser considerados religiosos; um leitor moderno talvez pudesse argumentar que só seriam relevantes para um praticante religioso. Mas a percepção básica de Shantideva se mantém. Ou seja, se forem enfrentadas da maneira apropriada, até mesmo a dor e o sofrimento podem ser percebidos em termos de seus efeitos positivos.

Os versos 22 a 34 tratam do segundo aspecto da paciência: a tolerância baseada na compreensão da natureza da realidade. O foco principal da argumentação de Shantideva aqui é demonstrar como as ações das pessoas e os fatos são determinados por uma rede de muitos elementos. Isso serve para ressaltar o fato crítico de que muitas das condições que levam outras pessoas a agirem de uma forma que nos é prejudicial estão, na verdade, fora do controle delas. Como diz Shantideva, ficamos doentes sem desejar. Da mesma forma, não tencionamos nos irritar, mas com freqüência nos descobrimos dominados pela raiva. Portanto, pode-se argumentar, num certo sentido, que é ilógico isolar apenas a pessoa das condições complexas, passando a considerá-la como responsável exclusiva pelo ato pernicioso. Para ilustrar esse argumento, Shantideva apresenta uma análise excepcional do ato simples de alguém nos bater com uma vareta. Ele mostra como tanto a vareta quanto a pessoa que a manipula são igualmente responsáveis por causar a dor. Num nível mais profundo, ele argumenta que até o mero fato de possuirmos uma existência corpórea é um importante fator contribuinte na geração da dor. Uma condição adicional, que na verdade se torna a causa fundamental, é a emoção negativa que motivou a pessoa a nos infligir o mal, em primeiro lugar.

É óbvio que o princípio por trás do segundo aspecto da paciência é nada menos que o fundamental princípio budista da origem dependente. Nessa visão, nada surge no isolamento, pois tudo passa a existir em decorrência da acumulação de condições e causas múltiplas. Como esse princípio pode ser compreendido em muitos níveis — em termos de dependência causal, em termos de mutualidade de conceitos ou em termos de interdependência entre nossas percepções e o mundo —, as percepções da realidade a que dá origem, de maior tolerância em relação aos eventos e ações das outras pessoas, também podem variar em sua profundidade. Por exemplo, Shantideva demonstra que encarar o mundo como uma ilusão pode ter um impacto imediato, reduzindo a intensidade de nossas reações emocionais fortes, como a raiva. Shantideva escreve o seguinte para realçar seu argumento:

> Assim, tudo é regido por outros fatores (que por sua vez) também são regidos (por outros),
> E dessa maneira nada rege a si mesmo.
> Ao compreender isso, não me enfurecerei
> Com fenômenos que são como aparições. (*Guia*, VI:31)

Esses versos ecoam observações similares que Shantideva faz no capítulo nove de seu *Guia*. Ali, depois de defender a visão filosófica do mundo budista com base numa noção da natureza insubstancial dos fenômenos, Shantideva apresenta as seguintes indagações retóricas: o que há para se ganhar ou perder? Quem pode elogiar ou insultar? De onde surgem a alegria e a dor? O que há para sentir felicidade ou tristeza? À primeira vista, pode parecer que Shantideva defende uma forma de equanimidade passiva. Mas interpretar seus versos dessa maneira é perder por completo o que ele quis dizer. Como os hábeis mestres do budismo, Shantideva está chamando nossa atenção para o vínculo íntimo entre afeto e emoções fortes como a raiva. Quanto mais nos afeiçoamos a algo, mais provável se torna sentir raiva quando percebemos uma ameaça ao alvo de nossa afeição. Embora a análise de Shantideva sobre a tolerância, baseada na percepção da natureza da realidade, esteja situada dentro do discurso filosófico budista, creio que seu argumento básico não depende da validade das teorias budistas sobre a realidade. Por nossa própria experiência, podemos observar que quanto maior nossa compreensão das complexidades que dão origem a um fato, maior a nossa capacidade de reagir a esse evento com certo grau de calma e tolerância.

Chegamos agora à característica final da paciência: a tolerância em relação às ofensas dos outros. Talvez seja por causa de sua grande importância que Shantideva trata essa categoria por último (nos versos 34 a 63). Pode-se dizer que, das três dimensões da paciência, a terceira é provavelmente a mais importante, porque pertence com exclusividade à nossa interação imediata com os outros. Não há como negar que, para a maioria das pessoas, o alvo principal da raiva ou frustração é quase sempre outro ser humano. E enquanto não aprendermos a interagir com os outros de uma maneira que não seja afetada por fortes emoções negativas, como a raiva, não poderá ocorrer um desenvolvimento genuíno da paciência. Isso acontece ainda mais com um praticante do ideal Bodhisattva, cujo objetivo manifesto é ajudar a libertar todos os seres humanos de um estado de existência sem luz. É claro que, para uma pessoa assim, é bastante impróprio sentir raiva do outro pelo qual assumiu um solene compromisso religioso.

Shantideva nos ensina que é mais apropriado ter compaixão em vez de raiva em relação aos que nos causam mal. Ele sugere que, em certo sentido, as pessoas que causam mal aos outros são possuídas. Em outras palavras, suas ações derivam de um estado de ignorância. Isso parece com o Evangelho cristão, com sua exortação de que devemos perdoar os que nos causam mal porque "eles não sabem o que fazem". Na verdade, Shantideva nos pede para ir mais longe e considerar aqueles que nos fazem mal, nossos inimigos, como preciosos, pois somente eles nos oferecem a oportunidade excepcional de praticar a tolerância. Ele escreve:

> São muitos os mendigos neste mundo,
> Mas poucos são os que infligem o mal;
> Pois se eu não tivesse injuriado outros,
> Poucos seres me causariam algum mal.
>
> Por isso, como tesouros que surgem em minha casa,
> Sem qualquer esforço de minha parte para obtê-los,
> Devo me sentir feliz por ter um inimigo,
> Pois ele me ajuda a alcançar o Despertar. (*Guia*, VI:106-107)

São versos assim que proporcionam a base para a declaração muito citada do Dalai Lama de que nosso inimigo é o nosso maior mestre. Ele sem dúvida aplicou esses princípios ao lidar com as autoridades chinesas que causaram tanto mal e destruição a seu povo e a sua pátria. Depois que compreendemos que seu pensamento está enraizado nesse treinamento espiritual, não teremos dificuldade para aceitar a afirmação do Dalai Lama de que ele e seu povo não sentem qualquer ódio pelos chineses.

Às vezes, Shantideva apresenta argumentos que parecem levar a racionalização ao extremo. Por exemplo, há uma argumentação fascinante sobre a inutilidade da raiva como reação às ações perniciosas dos outros. Shantideva sugere que examinemos se infligir o mal aos outros é essencial à natureza humana ou se é uma qualidade acidental. Se for a primeira opção, argumenta ele, não tem sentido ficar com raiva, pois seria como ter ressentimento do fogo por sua inerente capacidade de queimar. Por outro lado, se é uma qualidade acidental, ainda é impróprio reagir com raiva, já que seria como sentir ressentimento do céu por estar nublado. De qualquer forma, conclui Shantideva, não há base lógica para se ter raiva. Independentemente de seus méritos como argumento, ninguém pode contestar sua engenhosidade. A questão é: até que ponto devemos levar a sério esse tipo de argumento? Não há como negar, é certo, que, do ponto de vista do leitor leigo, essas formas de argumentos podem ser melhor consideradas como "experimentos de pensamento". Sabemos que muitas vezes tendemos a reforçar nossa raiva ou indignação quando sentimos com absoluta convicção que estamos certos. Se isso é verdade, então um leitor moderno de Shantideva pode aceitar o valor desse tipo de experimento de pensamento, que revela de uma forma pungente a natureza ilógica de ter fortes reações emocionais a um evento.

COMO LIDAR COM A RAIVA

Indubitavelmente, tanto Shantideva quanto o Dalai Lama são bastante articulados em seu discurso sobre a maneira de lidar com a raiva e com o ódio. Shantideva abre o capítulo sobre a paciência com a declaração incisiva de que um instante de raiva pode destruir as impressões positivas de "mil eras". Ele assevera ainda que não há mal tão intenso quanto o ódio e que não há fortaleza tão grande quanto a paciência. Por isso, ele recomenda que todos procurem desenvolver a paciência. Na opinião de Shantideva, a raiva atua como o principal obstáculo ao desenvolvimento da paciência. Para usar a famosa analogia médica, o ódio é o veneno e a paciência é o medicamento que remove as toxinas venenosas da mente. Como o comentário do Dalai Lama deixa claro, Shantideva identifica dois elementos fundamentais em nossas tentativas de superar a raiva. O primeiro e mais importante é o de que devemos ter profunda consciência do negativismo da raiva. Um elemento de extrema relevância é refletir sobre os efeitos destrutivos de gerar raiva. Segundo, Shantideva identifica a necessidade de desenvolver uma profunda compreensão do mecanismo de causa e efeito que se encontra por trás da raiva. Isso é de particular interesse para o leitor moderno, que, inevitavelmente, vai comparar o texto de Shantideva a muitas das afirmações populares associadas à psicologia moderna e suas concepções sobre as emoções humanas.

No verso sete do capítulo, Shantideva faz a observação crucial de que o "combustível" da raiva é o que ele chama de "desconforto mental". É uma noção muito interessante. A palavra tibetana é *yi mi-dewa*, que pode ser traduzida como "melancolia", "infelicidade" ou simplesmente como "insatisfação". É melhor compreendida como um senso profundo e latente de insatisfação, que não precisa ser sentido no nível da consciência. É aquele sentimento incômodo de que algo não está tão bem quanto deveria. Shantideva observa que é esse senso latente de insatisfação que gera a frustração. Se isso acontece, estão armadas as condições para uma súbita explosão de raiva quando as coisas não ocorrerem como desejamos. Uma vez compreendido esse nexo causal entre insatisfação, frustração e raiva, podemos apreciar a virtude do método de Shantideva de lidar com a raiva. Constatamos que visa a erradicar esse senso latente de insatisfação, em vez de se empenhar num confronto com a raiva concreta e manifesta. É esse o motivo para a ênfase de Shantideva nas reflexões que visam a criar a estabilidade da mente. Quanto às práticas específicas, o leitor pode acompanhar os comentários detalhados do Dalai Lama nas seções apropriadas deste livro.

Um ponto importante a destacar aqui é o de que Shantideva não faz qualquer distinção entre raiva e ódio em sua análise. O comentário do Dalai Lama, no entanto, ressalta explicitamente essa distinção crítica. Ele observa que, em princípio, talvez seja possível aceitar o que se poderia chamar de "raiva positiva". A raiva como indignação contra a injustiça cometida com outras pessoas pode muitas vezes ser um catalisador importante para poderosos feitos altruístas. Mas ele rejeita essa possibilidade em relação ao ódio. Para o Dalai Lama, o ódio não pode ter qualquer virtude. Apenas corrói a pessoa por dentro e envenena suas interações com os outros seres humanos. Em suas palavras, "o ódio é o verdadeiro inimigo; é o inimigo interior". Talvez possamos dizer que a característica que distingue a raiva do ódio é a ausência ou presença de rancor. Alguém pode ficar furioso sem sentir qualquer rancor pelo alvo de sua raiva. O Dalai Lama nos instrui a cuidar para que a raiva, mesmo quando aflore, jamais culmine num ódio total. Em minha opinião, é um importante ensinamento ético.

Umas poucas palavras sobre alguns dos princípios gerais que se encontram por trás das técnicas expostas neste livro para lidar com as emoções e desenvolver a paciência talvez possam ajudar o leitor em geral. Um princípio fundamental é uma convicção do que poderia se chamar de plasticidade da mente, isto é, uma pressuposição da capacidade ilimitada da mente para se aperfeiçoar. Isso é confirmado por uma complexa noção da psicologia da mente e suas várias modalidades. Tanto Shantideva quando o Dalai Lama operam dentro de uma longa história de psicologia budista e filosofia da mente, que enfatizam uma análise detalhada das emoções humanas. Numa visão geral, a mente aqui é percebida como em termos de um sistema complexo e dinâmico, em que as dimensões cognitiva e afetiva são consideradas como um todo integrado. Portanto, quando os dois mestres apresentam meios de se lidar com emoções como a raiva, não estão afirmando que devemos reprimi-las. Tanto a psicologia budista quanto a moderna concordam sobre a perniciosidade da mera repressão. A técnica budista é chegar à raiz, a fim de que a própria base para a raiva seja cortada. Em outras palavras, Shantideva e o Dalai Lama sugerem meios de reorientar nosso caráter, para que nos tornemos menos propensos a ter reações emotivas fortes como a raiva. É sob esse aspecto que a maioria das reflexões recomendadas neste livro deve ser compreendida. O lema é simples: discipline sua mente. Shantideva ressalta a importância crítica dessa disciplina interior com uma analogia maravilhosa:

Onde eu poderia encontrar couro bastante
Para cobrir toda a superfície do mundo?
Mas (usar) couro apenas nas solas dos pés
É o mesmo que cobrir o mundo inteiro.

Da mesma forma, não me é possível
Controlar o curso externo das coisas;
Mas se eu controlasse minha mente,
Que necessidade teria de controlar o resto? (*Guia,* V:13-14)

Isso, é claro, é reminiscente dos versos memoráveis de *Dhammapada*, em que Buda diz:

Intangível e sutil é a mente
Que voa atrás de fantasias;
Sábios são os que a mente disciplinam,
Pois a mente disciplinada traz alegria. (Versículo 35)

Shantideva chama essa prática budista básica de "guardar a mente", analisando-a a fundo no capítulo cinco de seu *Guia*.

Outro princípio geral para o qual desejo chamar a atenção do leitor é o pragmatismo básico dos ensinamentos de Shantideva. Ele não acredita na possibilidade de uma só cura ou solução para qualquer problema. Sua estratégia envolve o uso extenso de todos os nossos recursos interiores. Muitos de seus argumentos apelam para o que podemos chamar de racionalidade humana. Mas também usa técnicas que apelam para nossos sentimentos humanitários fundamentais. Não raro, ele recorre também a nosso senso de indignação moral. Assim, a conclusão parece ser "o que funcionar melhor". Em última análise, muitas técnicas apresentadas neste livro são percepções baseadas no bom senso. Por exemplo, quem pode contestar o puro pragmatismo dos versos seguintes, que o Dalai Lama tanto gosta de citar?

> Por que ser infeliz com algo,
> Se isso pode ser remediado?
> E de que adianta ser infeliz com alguma coisa,
> Se isso não pode ser remediado? (*Guia*, VI:10)

Talvez o mais importante e vital, para o leitor moderno, é compreender que tanto Shantideva quanto o Dalai Lama não acreditam na "iluminação instantânea". Em seus ensinamentos, há a pressuposição básica de que cultivar a disciplina interior é um processo que leva tempo. Na verdade, o Dalai Lama ressalta, com toda razão, que ter expectativas de resultados imediatos é um sinal de impaciência, o próprio fator que os ensinamentos neste livro visam a neutralizar. Com senso de ironia, ele observa que o leitor moderno muitas vezes quer "o caminho melhor, mais rápido, mais fácil e, se possível, mais barato". Portanto, a jornada de alguém que está no caminho do auto-aperfeiçoamento é árdua e exige um empenho a longo prazo. Apesar disso, o potencial de recompensas para quem se lança nessa jornada é imenso. Até mesmo em termos imediatos, o benefício que esse empenho traz para a vida do viajante parece extraordinário. Se o Dalai Lama é representativo daqueles que alcançaram os frutos dessa jornada, seus méritos são incontestáveis.

GESHE THUPTEN JINPA
Girton College
Universidade de Cambridge

Foto: Kathryn Wilde

Sua Santidade o Dalai Lama e Geshe Thupten Jinpa

Dia Um

PRIMEIRA SESSÃO

De um modo geral, todas as grandes religiões do mundo enfatizam a importância da prática do amor, da compaixão e da tolerância. É o que acontece nas tradições do budismo, incluindo o Theravada, o Mahayana e o Tantrayana (a tradição esotérica do budismo). Declaram que a compaixão e o amor constituem a base de todos os caminhos espirituais.

A fim de aumentar o desenvolvimento da compaixão e cultivar o potencial para a compaixão e o amor inerentes na pessoa, o importante é neutralizar as forças opostas. É nesse contexto que o exercício da paciência ou tolerância se torna muito importante, pois graças à paciência é possível superar os obstáculos à compaixão.

Quando falamos sobre paciência ou tolerância, devemos compreender que há muitos graus, começando por uma simples tolerância, como ser capaz de tolerar certa intensidade de calor ou frio, que evolui para o grau mais elevado de paciência, ou seja, o tipo de paciência e tolerância encontrado nos grandes praticantes, os Bodhisattvas nos níveis mais elevados do caminho budista.

Como a paciência ou a tolerância derivam de uma capacidade de permanecer firme e inabalável, de não se deixar sufocar pelas situações ou condições adversas, não se deve considerá-las sinal de fraqueza. Ao contrário, é um sinal de força, vindo de uma profunda capacidade de permanecer firme e inabalável. De um modo geral, podemos definir a paciência ou tolerância nesses termos. Descobrimos que até mesmo para ser capaz de tolerar certo grau de dificuldade física, como um clima quente ou frio, nossa atitude faz grande diferença. Se temos a noção de que tolerar a dificuldade imediata pode ter conseqüências benéficas a longo prazo, temos mais probabilidades de tolerar os problemas cotidianos. Da mesma forma, no caso daqueles que se encontram nos níveis de Bodhisattva, praticando tolerância e paciência em alto grau, a inteligência também desempenha um papel muito importante como fator complementar.

Além do valor do exercício da tolerância e da paciência do ponto de vista do Dharma, até mesmo em nossas experiências da vida cotidiana a tolerância e paciência produzem grandes benefícios, que se manifestam na capacidade de manter a calma, a paz e a presença de espírito. Portanto, se uma pessoa possui essa capacidade de tolerância e paciência, mesmo que viva num ambiente tenso, agitado e estressante, sua serenidade e presença de espírito não serão perturbadas.

O texto do qual estou ensinando, nesta série de preleções, é um texto budista; para ser mais específico, um texto do Budismo Mahayana. Muitas das práticas descritas nesta obra são apresentadas do ponto de vista de um praticante empenhado no caminho Mahayana de cultivar o bodhichitta e levar uma vida de acordo com os princípios do Bodhisattva. Contudo, muitos dos métodos e técnicas também são relevantes e aplicáveis no que diz respeito a pessoas que não se empenham nas práticas do Bodhisattva ou que não adotam o budismo como a religião pessoal.

O texto é chamado em sânscrito de *Bodhisattvacharyavatara*, que se pode traduzir como *Guia para o Modo de Vida do Bodhisattva*. Quando falamos nas atividades do Bodhisattva, devemos destacar que há três níveis. O primeiro é o ingresso no caminho do Bodhisattva, que envolve acima de tudo gerar bodhichitta, a aspiração altruísta de alcançar a iluminação total, em benefício de todos os seres sencientes. Esse é o primeiro nível de prática. Segue-se o que é conhecido como prática de fato, que consiste no exercício das seis perfeições. Entre as seis perfeições, que são os preceitos principais para gerar bodhichitta, uma é a paciência ou tolerância. O terceiro nível dos feitos do Bodhisattva compreende as atividades no estado búdico, que resultam dessa prática.

No primeiro capítulo do *Guia para o Modo de Vida do Bodhisattva*, Shantideva fala sobre os méritos e benefícios de se gerar bodhichitta, a aspiração altruísta de alcançar o estado búdico, em benefício de todos os seres sencientes. Ele diz:

Eu me curvo diante de seu corpo,
No qual nasceu a mente sagrada e preciosa.
Procuro refúgio nessa fonte de alegria,
Que traz felicidade até aos que lhe causam mal.

Nesse versículo ele declara que, como a aspiração altruísta se desenvolve para a infinita capacidade de ajudar todos os outros seres sencientes, a pessoa que gera esse tipo de altruísmo infinito é, na verdade, alguém digno de respeito e reverência. Porque esse infinito altruísmo é a fonte de alegria e felicidade não apenas para si mesma, mas também para incontáveis outros seres sencientes, qualquer interação que os outros possam ter com essa pessoa, mesmo que seja negativa, deixará uma marca muito poderosa. Mesmo que se cometa um ato negativo ou se tenha um relacionamento negativo, embora as conseqüências imediatas possam ser negativas, a longo prazo o próprio fato de ter havido interação com alguém assim trará conseqüências positivas e benefícios no futuro. É assim o poder desse infinito altruísmo.

A verdadeira fundação desse infinito altruísmo é a compaixão; e porque a compaixão é a raiz do infinito altruísmo, Chandrakirti — ao contrário de outros autores, que no início de seus textos prestam homenagem a Buda ou a um Bodhisattva ou uma divindade meditacional — em seu texto, *Guia para o Caminho do Meio*, presta homenagem à compaixão, ressaltando que sua importância e seu valor permanecem durante todo o tempo. No nível do principiante, seu valor não pode ser subestimado. Mesmo no resultante estado búdico, a compaixão ainda mantém sua importância e seu valor. Constatamos que todas as grandes religiões do mundo, embora possam ter diferentes maneiras de ensinar a compaixão e diferentes maneiras de explicar por que é importante o desenvolvimento de uma atitude compadecida, convergem para o ponto comum de que a compaixão está na raiz de tudo. É importantíssima.

A compaixão pode ser aproximadamente definida em termos de um estado de mente que é não-violento, não-prejudicial, não-agressivo. Por isso, há o risco de se confundir compaixão com afeição e intimidade.

Assim, constatamos que há dois tipos de amor ou compaixão. Por um lado, temos a compaixão ou amor que se baseia na afeição ou que está impregnada de compaixão. Esse tipo de compaixão ou amor e sentimento de intimidade é bastante parcial e distorcido. Baseia-se na consideração de que o alvo da afeição da pessoa é alguém muito querido ou próximo. Por outro lado, a compaixão genuína é livre desse afeto. Aqui, a motivação não é tanto o fato de que a pessoa é minha amiga, muito querida ou tem um relacionamento comigo. Em vez disso, a compaixão genuína baseia-se na razão de que os outros, assim como eu, também possuem um desejo inato de ser feliz e superar o sofrimento; assim como eu, os outros também têm o direito natural de realizar essa aspiração fundamental. Com base no reconhecimento dessa igualdade e comunidade fundamental, a pessoa desenvolve um senso de afinidade e intimidade; e com base nisso, a pessoa vai gerar amor e compaixão. Essa é a compaixão genuína.

Também é evidente que o nível de inteligência ou sabedoria da pessoa é um fator complementar, que vai determinar a intensidade e a profundidade da compaixão. No budismo, fala-se em três tipos principais de compaixão. O primeiro é a compaixão que não é complementada por fatores de sabedoria. Um segundo nível de compaixão é complementado pela percepção da natureza transitória dos seres sencientes, sua natureza impermanente. No terceiro nível de compaixão, chamado de compaixão não-objetivada, o fator complementar é a sabedoria ou percepção sobre a natureza suprema da realidade. Nesse nível, o indivíduo percebe a natureza vazia dos seres sencientes e essa percepção reforça a atitude compadecida em relação aos seres sencientes. Embora esse tipo de compaixão genuína e infinito altruísmo seja algo que precisa ser conscientemente cultivado e desenvolvido, todos possuem a base ou potencial para esse aprofundamento e desenvolvimento.

Uma das minhas convicções fundamentais é a de que não apenas possuímos de forma inerente esse potencial ou base para a compaixão, assim como a natureza humana básica e fundamental é a gentileza. Não apenas os seres humanos, como também todos os seres sencientes possuem a gentileza como natureza fundamental. Há outros motivos em que baseio essa convicção, sem ter de recorrer à doutrina da natureza de Buda. Por exemplo, se olharmos para o padrão de nossa existência, desde o nascimento até a morte, constataremos a maneira pela qual somos acalentados pela afeição, como dispensamos afeição aos outros, e como nos sentimos quando somos expostos à afeição dos outros. Além disso, quando temos sentimentos afetuosos podemos verificar que isso nos afeta por dentro. Não pára por aí: ser afetuoso e mais sadio no comportamento e pensamento parece ser mais benéfico à estrutura física do corpo, em termos dos efeitos para a saúde e o bem-estar físico. É preciso também ressaltar que o contrário parece ser destrutivo para a saúde. Por esses motivos, creio que podemos inferir que a natureza humana fundamental é da gentileza. Se for isso mesmo, então faz ainda mais sentido tentar levar uma vida mais de acordo com essa natureza básica de gentileza de nosso ser.

Mas encontramos muito conflito e tensão, não apenas dentro de nossa própria mente, como também na família, quando interagimos com outras pessoas no nível social, no nível nacional, no nível global e assim por diante. Como explicar isso?

Em minha opinião, um dos fatores que contribuem para esse conflito é nossa faculdade imaginativa; em outras palavras, nossa inteligência. É também a inteligência que pode encontrar meios e modos de superar esse conflito. Portanto, ao se usar a inteligência humana para superar o conflito, criado pela própria inteligência humana, o fator importante é a compaixão humana. Creio que se examinarmos a realidade, fica evidente que a melhor maneira de superar o conflito é o espírito de reconciliação, até consigo mesmo. Esse espírito tem muito a ver com a compaixão.

Um aspecto da compaixão é respeitar os direitos e as opiniões dos outros. É a base da reconciliação. Creio que a regra do espírito humano de reconciliação com base na compaixão opera lá no fundo, quer a pessoa saiba ou não. Portanto, como a natureza humana básica é a gentileza, por mais que passemos pela violência e outras coisas ruins, a solução apropriada é sempre o retorno ao sentimento humano básico, isto é, à afeição humana. A compaixão ou afeição humana não é apenas uma questão religiosa, mas também algo indispensável na vida cotidiana.

Nesse contexto, não se pode deixar de concluir que vale a pena exercer a tolerância. Por mais difícil que seja, devemos nos esforçar para praticá-la.

O primeiro versículo do capítulo de Shantideva sobre a "Paciência" diz o seguinte:

(1) Quaisquer que tenham sido as boas ações,
Como venerar os Budas e (praticar) a generosidade,
Tudo o que foi acumulado ao longo das eras,
Será destruído em um momento de raiva.

A implicação desse primeiro versículo é a de que há necessidade de intenso entusiasmo e um profundo desejo para que o indivíduo possa praticar a paciência e a tolerância; quanto maior o entusiasmo, maior será a capacidade de resistir às dificuldades encontradas no processo. E não apenas isso: a pessoa também estará preparada para aceitar voluntariamente as dificuldades que constituem uma parte necessária do caminho.

O primeiro estágio, portanto, é gerar esse intenso entusiasmo. Para isso, é preciso refletir sobre a natureza destrutiva da raiva e do ódio, e sobre os efeitos positivos da paciência e da tolerância.

Neste texto, lê-se que a geração de raiva ou ódio, mesmo que apenas por um instante, tem a capacidade de destruir virtudes acumuladas ao longo dos evos.* Outro texto, *Ingresso no Caminho do Meio*, de Chandrakirti, diz que um único instante de raiva ou ódio destruirá virtudes acumuladas em mais de cem evos. A diferença entre os dois textos é o alvo da raiva ou ódio da pessoa. Se o objeto da raiva ou do ódio é um Bodhisattva num alto nível do caminho e a pessoa que sente raiva ou ódio não é um Bodhisattva, então a quantidade de virtude destruída é muito maior. Por outro lado, se um Bodhisattva gera raiva contra outro Bodhisattva, talvez a virtude destruída seja menor. Ou seja, as diferenças são explicadas por esses aspectos.

* O grande evo mahakalpa é a maior unidade do sistema budista de medição. Estende-se por um ciclo completo de declínio e renovação cósmica. Sua duração é a que uma faixa de tecido sedoso atritado uma vez cada século levaria para erodir uma grande montanha. (N.T.)

Mas quando dizemos que virtudes acumuladas ao longo dos evos são destruídas por um único instante de raiva, temos de identificar que tipos de virtudes são destruídas. Tanto este texto quanto *Ingresso no Caminho do Meio* concordam que são destruídas apenas virtudes meritórias, não tanto da sabedoria, mas sim as que se relacionam com o método do caminho. Em particular, destacam-se as virtudes acumuladas pelo exercício da doação ou generosidade, assim como as virtudes acumuladas pelo respeito a um modo de vida com disciplina ética. Por outro lado, as virtudes acumuladas pela prática da sabedoria, como a percepção sobre a suprema natureza da realidade, assim como as virtudes acumuladas com a prática de meditação, permanecem além da extensão da destruição da raiva e do ódio.

Nos textos fala-se em "evos". Um sistema de medição budista é usado aqui, com base no sistema *Abhidharma*, em que evos refere-se a um "grande evo", que é composto por vinte evos de duração média. Isso também se relaciona com a cosmologia budista, a teoria em que se explica todo o processo de evolução do universo. Por exemplo, segundo a cosmologia de Abhidharma, dividimos o tempo da evolução em quatro estágios — o tempo do espaço vazio, o tempo da evolução, o tempo da espera e o tempo da destruição — que por sua vez são divididos de acordo com esse sistema preciso. Pode ser interessante comparar isso com a atual teoria cosmológica, baseada no Big Bang, onde a evolução é explicada num prazo de quinze a vinte bilhões de anos.

Segundo esse versículo, as virtudes que são complementadas pelo fator da sabedoria, em particular a percepção sobre a suprema natureza da realidade (a compreensão do vazio), assim como as virtudes baseadas na consecução da shamata (calma espera ou concentração da mente), permanecem além do alcance da destruição pela raiva e ódio. Assim, percebemos o valor de gerar shamata e percepção do vazio.

O segundo versículo diz:

(2) Não há mal como o ódio,
E não há fortaleza como a paciência.
Por isso, devo me empenhar de todas as formas
Para meditar sobre a paciência.

Há muitas emoções aflitivas, como presunção, ciúme, desejo, luxúria, mente fechada e assim por diante, mas o ódio ou a raiva é o maior de todos os males. Isso acontece por dois motivos.

Um é que o ódio ou a raiva é o maior obstáculo para um praticante que aspira a aumentar sua bodhichitta — a aspiração altruísta e um bom coração. A raiva ou o ódio é o maior empecilho para esse objetivo.

Segundo, o ódio e a raiva, ao serem gerados, possuem a capacidade de destruir a calma e a serenidade da mente. Por isso o ódio é considerado o maior dos males.

O ódio é uma das seis emoções aflitivas básicas segundo a filosofia budista. A palavra tibetana para isso é *zhe dang*, que pode ser traduzida como "raiva" ou "ódio". Mas acho que deve ser traduzida como "ódio", porque a "raiva", como é compreendida no Ocidente, pode ser positiva em circunstâncias muito especiais. Isso ocorre quando a raiva é motivada por compaixão, ou quando atua como catalisador para uma ação positiva. Nessas condições excepcionais, a raiva pode ser positiva. Já o ódio nunca pode ser positivo. É totalmente negativo.

Como o ódio é totalmente negativo, nunca deve ser usado para traduzir a palavra tibetana *zhe dang* quando aparece no contexto de um tantra. Às vezes ouvimos a expressão "levar o ódio pelo caminho". É uma tradução errada. Nesse contexto, ódio não é a palavra certa. Deve-se usar raiva: "levar a raiva pelo caminho". Ou seja, a palavra tibetana *zhe dang* pode ser traduzida como "raiva" ou "ódio". A raiva pode ser positiva; portanto, quando *zhe dang* refere-se a uma emoção aflitiva, deve ser traduzida como ódio.

Os dois últimos versos da estrofe dizem:

Por isso, devo me empenhar por vários meios
Para meditar sobre a paciência.

Como o objetivo é o aumento da capacidade para a tolerância e a prática da paciência, o que é necessário para neutralizar as forças da raiva e do ódio, em particular do ódio? Deve-se usar todos os tipos de técnicas para aprofundar a familiaridade com a paciência. Incluem não apenas as situações da vida real, como também o uso da imaginação para visualizar uma situação, para depois verificar qual será a reação nas circunstâncias. Sempre se deve combater o ódio e desenvolver a capacidade para a tolerância e a paciência.

(3) Minha mente não vai experimentar a paz
Se cria pensamentos dolorosos de ódio.
Não encontrarei alegria ou felicidade;
Incapaz de dormir, eu me sentirei inquieto.

Este versículo descreve os efeitos destrutivos do ódio, que são muito visíveis, óbvios e imediatos. Por exemplo, quando surge um pensamento forte ou convincente de ódio, no mesmo instante este subjuga a pessoa por completo, destruindo a paz e a presença de espírito. Ao acalentar um pensamento de ódio, a pessoa fica tensa e nervosa, o que pode causar perda de apetite, levar à insônia e assim por diante.

Em termos gerais, creio que o propósito de nossa existência é a busca da felicidade e da realização. Até mesmo do ponto de vista budista, quando falamos nos quatro fatores da felicidade, ou nos quatro fatores da realização, os dois primeiros relacionam-se com a conquista da alegria e da felicidade neste mundo, não as supremas aspirações religiosas ou espirituais, como libertação e iluminação. Esses dois primeiros fatores tratam da alegria e da felicidade como as compreendemos em termos convencionais. A fim de experimentar mais plenamente esse nível de alegria e felicidade, a chave é o estado mental da pessoa. Cabe ressaltar que há vários fatores que contribuem para se alcançar esse nível de alegria e felicidade. Em termos convencionais, também os reconhecemos como fontes de felicidade. Um exemplo é a saúde física, um dos fatores necessários para uma vida feliz. Outro fator é a riqueza que acumulamos. Convencionalmente, consideramos isso como uma fonte de alegria e felicidade. O terceiro fator é ter amigos ou companheiros. Também reconhecemos que, para ter uma vida feliz e realizada, precisamos de um círculo de amigos nos quais possamos confiar e manter um relacionamento emocional.

Tudo isso, na realidade, é fonte de felicidade. Mas para que possamos aproveitar plenamente, com o objetivo de desfrutar uma vida feliz e realizada, o estado de espírito da pessoa é crucial. Se há pensamentos de ódio lá no fundo, ou uma raiva forte e intensa, a saúde fica arruinada. Com isso, um dos fatores é destruído. Mesmo quando se tem bens maravilhosos, a pessoa sente vontade, num momento de raiva ou ódio, de jogar tudo fora, de quebrar tudo. Portanto, não há garantia de que a riqueza por si só possa proporcionar a alegria ou a realização que procuramos. Da mesma forma, quando se experimenta um estado de intensa raiva ou ódio, até mesmo um amigo íntimo parece frio e distante, talvez irritante.

O que isso indica é que nosso estado de espírito é crucial para determinar se vamos ou não encontrar alegria e felicidade. Mesmo deixando de lado a perspectiva da prática do Dharma, falando apenas em termos seculares, em termos de desfrutar uma vida cotidiana feliz, quanto maior o nível de serenidade da mente, maior a paz de espírito e maior a capacidade de desfrutar uma vida alegre e feliz.

Cabe ressaltar, no entanto, que quando falamos num estado de serenidade mental ou paz de espírito, não devemos confundir com um estado de completa insensibilidade e apatia em que não há sentimento, como se a pessoa estivesse completamente vazia. Não é a isso que nos referimos quando falamos em serenidade da mente e paz de espírito.

A genuína paz de espírito está enraizada na afeição e compaixão. Há um nível elevado de sensibilidade e sentimento envolvido. Portanto, enquanto carecermos de disciplina interior, de serenidade da mente, nunca poderemos alcançar o sentimento de alegria e de felicidade que procuramos, quaisquer que sejam as facilidades ou condições externas que possamos ter. Por outro lado, se possuímos essa qualidade interior, isto é, a serenidade da mente, um certo grau de estabilidade interior, é possível levar uma vida alegre e feliz, mesmo que não tenhamos as circunstâncias externas que são normalmente consideradas necessárias para isso.

Se examinarmos como surgem os pensamentos de raiva ou ódio, vamos descobrir que, de um modo geral, ocorrem quando nos sentimos magoados, quando sentimos que fomos tratados com injustiça por alguém, ao contrário de nossas expectativas. Se, no mesmo instante, analisarmos com cuidado a maneira como a raiva aflora, poderemos observar que contém um elemento protetor, como um amigo que se dispõe a ajudar em nossa batalha, ou a consumar a vingança contra a pessoa que nos infligiu tanto mal. Ou seja, o pensamento de raiva ou ódio apresenta-se como um escudo, como uma proteção. Na realidade, porém, isso não passa de uma ilusão. É um estado mental distorcido.

Chandrakirti declara, em *Ingresso no Caminho do Meio*, que pode haver alguma justificativa em reagir à força com a força, se a vingança ajudar, por qualquer meio, a prevenir ou reduzir o mal que já foi infligido. Mas não é o caso, porque se o mal foi infligido, seja lesão física ou qualquer outra coisa, então já ocorreu. Portanto, a vingança não vai de forma alguma reduzir ou prevenir o mal, porque este já aconteceu.

Ao contrário, se a pessoa reage a uma situação de maneira negativa em vez de ter tolerância, não apenas não há benefício imediato, como também cria-se uma atitude e um sentimento negativo, que é a semente da futura ruína da pessoa. Do ponto de vista budista, a conseqüência da vingança terá de ser enfrentada somente pela pessoa em sua vida futura. Ou seja, além de não ter qualquer benefício imediato, a vingança também é prejudicial para a pessoa a longo prazo.

Mas se alguém foi tratado com injustiça e a situação não foi resolvida, as conseqüências para a pessoa responsável podem ser extremamente negativas. Uma situação assim exige uma neutralização forte. Em tais circunstâncias, é possível que, por compaixão pelo responsável e sem gerar raiva ou ódio, a pessoa assuma uma posição firme e adote contramedidas vigorosas. Um dos preceitos dos votos do Bodhisattva é o de adotar contramedidas vigorosas quando a situação assim exigir. Se um Bodhisattva não tomar providências firmes em circunstâncias determinadas, isso constitui uma violação de seus votos.

Além disso, como o *Ingresso no Caminho do Meio* ressalta, a geração de pensamentos de ódio não apenas leva a formas indesejáveis de existência em vidas futuras, como também, no momento em que a raiva aflora, a pessoa fica com um rosto horrível, por mais que tente adotar uma pose distinta. A expressão é inequivocamente desagradável. A pessoa emite vibrações hostis. Os outros podem sentir. É quase como se um vapor saísse do corpo da pessoa. Não apenas os seres humanos são capazes de senti-lo, também os animais de estimação e outros bichos tentam evitar a pessoa nesses momentos.

Há conseqüências imediatas para o ódio. Ele produz uma transformação física feia e desagradável na pessoa. Além disso, quando surge intensa raiva e ódio, eles dominam a melhor parte de nosso cérebro, que é a que nos proporciona a capacidade de julgar entre certo e errado, avaliar as conseqüências a longo e curto prazos, deixando a pessoa incapaz de funcionar direito. É quase como se a pessoa tivesse enlouquecido. Esses são os efeitos negativos de se sentir raiva e ódio. Quando pensamos nesses efeitos negativos e destrutivos, compreendemos que é necessário nos distanciarmos dessas explosões emocionais.

Em relação aos efeitos destrutivos dos pensamentos de raiva e ódio, não se pode obter proteção da riqueza; mesmo que alguém seja milionário, continua sujeito a esses efeitos destrutivos. A instrução também não pode garantir qualquer proteção. Nem a lei pode garantir. Nem mesmo armas nucleares, por mais sofisticados que sejam os sistemas de defesa, podem oferecer proteção ou defender a pessoa desses efeitos.

O único fator que pode proporcionar refúgio ou proteção contra os efeitos destrutivos da raiva e do ódio é a prática da tolerância e da paciência.

Meditação

Agora, vamos fazer uma pausa de cinco minutos de meditação silenciosa, refletindo sobre o que examinamos até aqui.

Perguntas

P: *Quando o senhor falou na outra noite, creio ter afirmado que nossa natureza era compadecida e gentil.*

R: Isso mesmo.

P: *Então de onde vem o ódio?*

R: Essa pergunta exige longas horas de análise. Do ponto de vista budista, a resposta simples é a de que não tem princípio. Como explicação adicional, posso dizer que os budistas acreditam que há muitos níveis de consciência. A consciência mais sutil é o que consideramos a base da vida anterior, desta vida e das vidas futuras. Essa consciência sutil é um fenômeno transitório, que surge como conseqüência de causas e condições. Os budistas concluíram que a consciência em si não pode ser produzida pela matéria. Portanto, a única alternativa é aceitar a continuidade da consciência. Essa é a base da teoria do renascimento.

Onde há consciência, a ignorância e o ódio também surgem naturalmente. Essas emoções negativas, assim como as emoções positivas, ocorrem desde o tempo sem princípio. Tudo isso é parte de nossa mente. Contudo, essas emoções negativas são, na verdade, baseadas na ignorância, que não tem uma fundação válida. Nenhuma das emoções negativas, por mais poderosa que seja, possui fundação sólida. Por outro lado, as emoções positivas, com a compaixão ou a sabedoria, possuem uma base sólida: há uma espécie de enraizamento na razão e compreensão, o que não acontece com as emoções aflitivas, como a raiva e o ódio.

A natureza básica da consciência sutil é alguma coisa neutra. Assim sendo, é possível purificar ou eliminar todas essas emoções negativas. Chamamos essa natureza básica de natureza de Buda. O ódio e as emoções negativas não têm princípio, mas podem ter um fim. A consciência em si não tem princípio e não tem fim; disso temos certeza.

P: *Como julgar quando uma contramedida é necessária e qual ela será? Por favor, descreva o que podemos aprender de suas ações em reação ao genocídio tibetano.*

R: Um dos motivos para a necessidade de se adotar uma contramedida forte contra alguém que o magoa é o fato de que há o perigo de que essa pessoa, se você deixar passar, acabe se habituando a ações extremamente negativas, que, a longo prazo, causarão a sua ruína. É um comportamento muito destrutivo para a própria pessoa. Portanto, uma contramedida forte, adotada por compaixão ou senso de preocupação com a outra pessoa, é uma necessidade. Quando você está motivado por essa compreensão, então há um senso de preocupação como parte da razão para a medida forte.

Sobre a maneira como temos lidado com o governo chinês, posso dizer que sempre tentamos evitar as emoções negativas. Conscientemente, fazemos questão de não permitir que nossas emoções nos dominem. Portanto, mesmo que haja a probabilidade de algum sentimento de raiva aflorar, tratamos de nos controlar num esforço deliberado. Tentamos reduzir isso e desenvolver um sentimento de compaixão pelos chineses.

Um dos motivos pelos quais há uma base para se sentir compadecido em relação ao culpado de um crime é o fato de que o agressor, por cometer um crime, ainda se encontra no estágio causal, acumulando as causas e condições que mais tarde levam a conseqüências indesejáveis. Portanto, desse ponto de vista, há motivo suficiente para sentir pena do agressor.

É por esse tipo de reflexão que tentamos lidar com os chineses. E você tem razão: pode-se dizer que é um exemplo da maneira como se pode lidar com o ódio e a agressão. Ao mesmo tempo, nunca perdemos de vista a importância de nos apegarmos com firmeza a nossos princípios e adotarmos as medidas firmes que forem necessárias.

P: *Muitas vezes, quando tento neutralizar o ódio, mesmo sem sentir ódio, isso parece aumentar o ódio da outra pessoa. Como posso lidar com esse problema?*

R: É uma boa pergunta. Em casos assim, temos de decidir no momento, de acordo com a situação. Isso exige sensibilidade para o contexto e a situação. Em alguns casos, sem dúvida, tomar uma contramedida forte, mesmo sem sentir ódio, pode aumentar a intensidade do sentimento de ódio e raiva da outra pessoa. Se for esse o caso, talvez seja possível deixar passar, sem adotar uma contramedida forte.

Mas você precisa julgar as conseqüências de sua reação a uma situação. Se for para evitar que a outra pessoa desenvolva um péssimo hábito, o de repetir o mesmo padrão de ação no futuro, o que será destrutivo a longo prazo, então pode haver necessidade de uma contramedida forte. Mas se uma contramedida vai agravar a situação, aumentando a raiva e o ódio da outra pessoa, então talvez a situação exija uma atitude de deixar passar, de não assumir nenhuma atitude. Para isso, você precisa ter sensibilidade para situações específicas.

É igual a um dos princípios budistas, segundo o qual, em termos pessoais, o ideal é ter menos envolvimentos, menos obrigações, menos exigências. Em relação à comunidade em geral, no entanto, você deve ter tantos envolvimentos quanto for possível, tantas atividades quanto for possível.

P: *Por que a raiva destrói tanta virtude, em vez de um momento de raiva destruir um momento equivalente de virtude? É porque precisamos de evos de virtude para criar um momento de felicidade, e a raiva não permite desfrutar esse momento?*

R: É muito difícil responder a essa pergunta, explicar por que isso acontece. Talvez esses pontos sejam o que os budistas chamam de "fenômenos extremamente ocultos". De um modo geral, quando falamos sobre a natureza da realidade e os objetivos de nossa investigação, o budismo divide os fenômenos em três categorias. Uma categoria inclui todas as coisas e eventos que são óbvios, evidentes para os nossos sentidos. Depois, temos o segundo nível de fenômenos: coisas ou eventos que podem não parecer muito óbvios ou evidentes, mas que podem, pela inferência, ser compreendidos ou percebidos. Um exemplo é a percepção sobre a natureza do vazio: não é óbvio, mas pela aplicação da faculdade analítica, você pode inferir a natureza vazia dos fenômenos. Da mesma forma, o transitório ou impermanente, mudando momentaneamente a natureza dos fenômenos, é uma coisa que você pode compreender pela inferência. O terceiro nível ou categoria de fenômenos é o que se chama, em termos técnicos, de "fenômenos extremamente ocultos".

Assim, considerando questões como gerar raiva ou ódio contra um Bodhisattva, um único momento de raiva ou ódio tem a capacidade de destruir virtudes acumuladas ao longo de evos. Esses fenômenos não podem ser compreendidos de forma lógica, ou pela inferência; não são óbvios ou evidentes. Só podemos aceitá-los se nos basearmos no testemunho das escrituras. Quando falamos em confiar no testemunho, ou confiar na autoridade das escrituras, não estamos nos referindo a qualquer escritura. As escrituras com autoridade devem atender a critérios específicos.

A esta altura, é importante compreender como os budistas relacionam-se com as escrituras e a autoridade das escrituras de todos os tipos. Na tradição budista, há uma escola de pensamento, conhecida como Vaibhashika, segundo a qual as escrituras são os ensinamentos válidos do Buda Shakyamuni, o Buda histórico, e que podem ser aceitos por seu significado manifesto. Assim, para os Vaibhashikas, não se pode fazer uma distinção entre escrituras definitivas, que podem ser aceitas por seu significado manifesto, e as escrituras que não podem ser aceitas assim. Mas todas as escolas do Budismo Mahayana insistem que é preciso distinguir entre os diferentes tipos de escrituras. Algumas escrituras podem ser aceitas como literais e definitivas, enquanto outras não podem ser aceitas como literais e exigem uma interpretação.

Surge então a indagação: como podemos determinar se uma escritura em particular é definitiva e literal? Se isso também exige uma referência a outra escritura, então o processo continuará *ad infinitum*, porque isso exigiria outra escritura, que também exigiria outra autoridade e assim por diante. Em última análise, a autoridade recai na razão e na compreensão humana. É pelo raciocínio que se determina a diferença entre uma escritura definitiva e uma escritura não-literal ou interpretável.

Portanto, sendo esse o caso, como determinamos a validade de uma escritura que fala sobre fenômenos incluídos na terceira categoria, a dos fenômenos extremamente ocultos?

Neste ponto, como ressaltei antes, só se pode aceitar a validade confiando na autoridade da escritura ou no testemunho do Buda. A fim de fazer isso, é preciso estabelecer a confiabilidade do mestre, que neste caso é o Buda. Não fazemos isso pela referência a uma escritura, mas sim pelo exame das palavras do Buda, seus ensinamentos sobre os fenômenos que podem ser compreendidos através da razão, através da inferência. Estão incluídos sua apresentação sobre o caminho, a apresentação sobre a natureza suprema da realidade e assim por diante.

Depois de determinar a validade das apresentações sobre esses pontos, você pode desenvolver a convicção de confiabilidade no mestre. Além disso, deve-se investigar a escritura específica que apresenta os fenômenos extremamente ocultos, para se ter certeza de que não há incoerências internas, de que não há contradições.

Assim, combinando esses dois fatores descobre-se que o Buda é um mestre confiável e que a escritura não tem contradição ou incoerência interna. Neste caso, você pode aceitar o testemunho do Buda sobre a questão específica.

P: *Como ensinamos paciência a nossos filhos? Como devemos reagir à raiva em nossos filhos?*

R: É muito difícil explicar em palavras para uma criança o valor e a importância da paciência. O crucial aqui é dar um bom exemplo para nossas crianças. Se você é sempre estourado e perde a calma até mesmo à menor provocação e tenta ensinar a seus filhos, dizendo: "É preciso ser paciente, pois a paciência é muito importante", não terá qualquer efeito.

Sobre a segunda parte da pergunta, como reagir à raiva nas crianças, é muito difícil para mim responder, mas muitos dos princípios gerais descritos aqui, ensinando a desenvolver a paciência, seriam aplicáveis, mesmo nessas circunstâncias.

P: *Que técnicas podemos usar para desarmar a raiva ou ódio quando este surgir?*

R: É necessário aqui julgar a situação e determinar que fatores deram origem a esse exemplo específico de raiva ou ódio. Dependendo disso, você orienta sua reação. Age de acordo. É preciso também relacionar com as práticas que a pessoa adota em sua vida cotidiana. Mas sobre esse assunto falaremos mais adiante.

P: *Se nenhuma forma extrema de paciência é uma fraqueza, como pode um Bodhisattva assumir uma forte contra-ação?*

R: Pode haver um ligeiro mal-entendido sobre o que se quer dizer com Bodhisattva. Não se deve ter a impressão de que um Bodhisattva é uma pessoa muito fraca. Na verdade, os Bodhisattvas podem ser considerados como os seres mais corajosos. São determinados e firmes em seus princípios. Mesmo em termos convencionais, se pessoas não toleram que pisem em seus calos, não admitem serem desrespeitadas, se sempre tomam uma ação imediata e assumem uma posição firme, consideramos que são corajosas e fortes, que possuem força de caráter. Se é esse o caso, então os Bodhisattvas são seres que têm o compromisso ou desenvolveram a determinação de combater todos os males que existem nas mentes de todos os seres sencientes. De certa forma, isso é uma espécie de arrogância, mas baseia-se na razão sólida. Esse tipo de atitude corajosa pode ser arrogante, num certo sentido, mas não de forma negativa.

Se lemos as preces de aspiração compostas pelos Bodhisattvas, como o décimo capítulo do *Guia para o Modo de Vida do Bodhisattva,* o capítulo intitulado "Dedicação", descobrimos que os Bodhisattvas têm muitas aspirações que, na realidade, não podem ser compreendidas. Não obstante, eles possuem esse tipo de visão e aspiração. Por isso, considero-os heróis. Acho que são seres sencientes muito corajosos. Não considero isso uma fraqueza. Os Bodhisattvas possuem esse tipo de perspectiva e são incontestavelmente capazes de realizar contramedidas fortes sempre que necessário.

P: *A dedicação ao mérito em práticas passadas pode ser destruída pela raiva ou ódio no presente?*

R: Se sua dedicação é complementada por fatores de intensa aspiração para alcançar a libertação ou complementada pelo fator de bodhichitta, a aspiração altruísta, ou uma compreensão da natureza vazia dos fenômenos, então é claro que o mérito permanecerá além do alcance da destruição, ficará protegido.

A dedicação é um elemento de prática muito importante no caminho budista. Descobrimos isso no *Ornamento de Percepções Claras,* de Maitreya, quando ele descreve a maneira apropriada de praticar a dedicação, ressaltando a importância de uma forte motivação de bodhichitta. Quando você se dedica ao mérito, deve ter uma forte motivação de bodhichitta; ou seja, você se dedica em benefício de todos os seres sencientes. Além dessa dedicação, você deve ter uma noção clara da natureza vazia dos fenômenos, da natureza ilusória dos fenômenos. A dedicação deve ser confirmada pelo reconhecimento de que o agente é inerentemente vazio, de que tanto o ato quanto o objetivo do ato são inerentemente vazios. É o que se chama "ser confirmado pelas três esferas". Por meio dessas práticas, você pode proteger o mérito.

Para que a prática do Dharma seja efetiva e poderosa, não é suficiente concentrar-se em um aspecto apenas. Há necessidade de muitos fatores complementares, como sabedoria, dedicação e assim por diante. Isso acontece ainda mais no caminho Mahayana.

SEGUNDA SESSÃO

Quando falamos sobre amizade, podemos em geral distinguir dois tipos. Algumas amizades não são genuínas, como as que se baseiam na riqueza, poder ou posição. Nesses casos, os amigos permanecem amigos enquanto a base da amizade se mantiver, seja ela poder, riqueza ou posição. Mas assim que essa base desaparecer, a amizade começa a se desvanecer.

Por outro lado, temos as amizades genuínas, baseadas no verdadeiro sentimento humano, um sentimento de intimidade em que há vínculo e partilha. Esse tipo de amizade é genuíno porque não é afetado pelo aumento ou diminuição da riqueza, poder ou posição da pessoa. O fator que sustenta essa amizade é se duas pessoas têm ou não sentimentos mútuos de amor e afeição. Se não há amor e afeição, então não pode haver uma amizade genuína. Isso é bastante óbvio.

(4) Um mestre que tem ódio
Corre o risco de ser morto,
Até pelos que dependem de sua bondade
Para sua riqueza e felicidade.

(5) Por isso, amigos e parentes são repelidos;
Embora atraídos por minha generosidade, não confiarão em mim.
Em suma, não há ninguém
Que conviva feliz com a raiva.

(6) Daí que o inimigo, a raiva,
Cria sofrimentos como esses.
Mas quem a supera com empenho,
Encontra a felicidade, aqui e depois.

O sexto versículo apresenta o valor e os benefícios da tolerância e da paciência. Quanto mais a pessoa é capaz de refletir sobre os efeitos destrutivos da raiva e do ódio, além dos efeitos benéficos da tolerância e da paciência, mais pode desenvolver um reconhecimento claro, mais se torna cautelosa e distante dos pensamentos de raiva e ódio. Em conseqüência, a pessoa vai desenvolver uma afinidade por sentimentos de tolerância e paciência. Isso, por si só, já terá um impacto significativo em sua mente. O entusiasmo para aumentar a capacidade de tolerância e paciência se tornará ainda maior. Com isso, também aumenta a prática da paciência.

Depois de desenvolver esse alto nível de entusiasmo pela prática, a pessoa deve se empenhar na própria prática, ou seja, aprofundar sua tolerância e paciência. A técnica adotada aqui é examinar primeiro as condições e os fatores causais que deram origem à raiva e ao ódio. Isso está de acordo com a técnica budista geral de lidar com problemas e situações difíceis.

Por exemplo, o princípio da causalidade é aceito no budismo como uma lei natural. Ao lidar com a realidade, a pessoa tem de considerar essa lei. No caso das experiências cotidianas, por exemplo, se há certos tipos de eventos que a pessoa não deseja, o melhor método para garantir que não aconteçam é cuidar para que não ocorram as condições causais que normalmente os acarretam. Da mesma forma, se a pessoa deseja um evento ou experiência específica, a providência lógica é procurar e acumular as causas e condições que o gerariam.

A compreensão desse princípio causal é muito importante. Depois de desenvolver o desejo de reduzir a raiva e o ódio, até superá-los, não adianta apenas querer ou orar para que a raiva e o ódio não mais se manifestem. Além disso, se a pessoa só tenta fazer alguma coisa quando o ódio e a raiva surgem, é improvável que seu esforço tenha qualquer efeito. Afinal, nesses momentos, a mente da pessoa está dominada pela intensidade da raiva e do ódio. Tentar aplicar alguma coisa para tentar prevenir a ocorrência é uma insensatez; a pessoa já está quase fora de controle.

Portanto, o melhor método é, primeiro, identificar que fatores normalmente dão origem à raiva e ao ódio.

(7) Encontrado o combustível da infelicidade mental,
Cuja prevenção tanto desejo,
Acabo fazendo o que não quero,
E o ódio aumenta e me destrói.

O versículo declara que o fator que alimenta a raiva ou o ódio é, nesta tradução, a infelicidade mental. Acho que "descontentamento" pode ser uma palavra melhor. Um senso persistente de descontentamento, um sentimento de insatisfação ou de que alguma coisa não está certa é o combustível que gera a raiva e o ódio. A pessoa deve tentar evitar que esse combustível apareça, esse sentimento de descontentamento e insatisfação. De um modo geral, o descontentamento surge quando sentimos que nós ou alguém que amamos, como parentes e amigos íntimos, estamos sendo tratados injustamente, estamos sendo ameaçados. É nesses instantes que aflora o sentimento de descontentamento ou infelicidade. Também quando outros nos impedem de alcançar alguma coisa, sentimos que somos espezinhados, o que nos deixa com raiva. Portanto, a técnica aqui é chegar à raiz, avaliar o nexo causal, a corrente que acaba se partindo num estado emocional de raiva ou ódio. A idéia é conter ainda num estágio inicial, em vez de esperar pelo pleno desenvolvimento da raiva ou do ódio. Se alguém quer conter o fluxo de um rio, por exemplo, a melhor maneira é ir até a fonte e fazer alguma coisa, como desviá-lo.

(8) Por isso devo extinguir
O combustível do inimigo,
Pois esse inimigo não tem outra função
Que não a de me causar mal.

O "inimigo" aqui é o inimigo interno, nosso verdadeiro inimigo, o supremo inimigo: o ódio. Esse sentimento de ódio não apenas destrói nossa serenidade e paz de espírito, como também nos lança num estado de confusão. Deixa-nos numa situação muito complicada, em que nos defrontamos a todo instante com confusão, problemas e dificuldades.

O que está declarado aqui, expressamente, é que o ódio, o inimigo interno, não tem outra função que não a de nos causar mal. Não tem outra função que não a de nos destruir, tanto no presente quanto no passado.

É muito diferente de um inimigo comum. Embora alguém que consideramos inimigo possa se empenhar em atividades que nos são prejudiciais, pelo menos essa pessoa tem outras funções: precisa comer, precisa dormir. Tem tanta outras funções que não pode se dedicar vinte e quatro horas por dia ao projeto de nos destruir. Mas o ódio não tem qualquer outra função, nenhum outro propósito que não o de nos destruir. Ao compreender esse fato, o praticante nunca deve permitir qualquer oportunidade para que esse inimigo, o ódio, se manifeste.

É possível, quando se combate o ódio, ficar com a seguinte noção: "O ódio é uma parte inerente de minha mente. É parte de minha psique. Como posso me empenhar num esforço para tentar combater parte da minha mente?" Neste ponto, é útil saber que a mente humana não apenas é complexa, como também muito hábil. É capaz de encontrar vários meios para lidar com situações difíceis e todas as perspectivas que podem assumir.

Por exemplo, no texto budista chamado *Ornamento de Percepções Claras* há uma meditação específica relacionada com a Primeira Nobre Verdade, a verdade do sofrimento, em que a pessoa encara seu corpo físico como um inimigo e depois se empenha numa espécie de diálogo. Da mesma forma, no contexto da prática de bodhichitta, em que a pessoa aumenta sua atitude altruísta, há também um tipo de meditação em que ocorre um diálogo entre uma atitude egocêntrica, um eu que é a personificação do egoísmo, e a pessoa como praticante. Embora a raiva e o ódio sejam parte da mente da pessoa, é possível empenhar-se num esforço em que a raiva e o ódio sejam encarados como objetos e combatidos.

Além disso, em nossas experiências cotidianas podemos nos descobrir em situações em que nos culpamos. Dizemos, por exemplo, "Em tal dia, decepcionei a mim mesmo". E a pessoa sente raiva de si mesma. Na realidade, não há dois eus distintos; há apenas o contínuo de uma só pessoa. Não obstante, faz sentido criticar a si mesmo. Ocorre, nesse caso, uma espécie de diálogo. É algo que todos sabem pela experiência pessoal. Embora, na realidade, haja apenas um eu, um único contínuo individual, é possível adotar duas perspectivas diferentes. Quando alguém diz "Eu errei" e "Isso não foi bom", está criticando a si mesmo. O eu que critica está agindo de uma perspectiva de si mesmo como uma totalidade, um ser completo, enquanto o eu criticado é um eu da perspectiva de uma experiência ou evento específico. Assim, é possível perceber a possibilidade de ter esse relacionamento eu-com-eu.

Pode ser útil aqui refletir sobre os vários aspectos da identidade pessoal. Vamos tomar como exemplo um monge budista tibetano. Ele pode ter um senso de identidade personalizada pela perspectiva de ser um monge: "Eu, um monge." Pode também ter um nível de identidade pessoal fundamentado não tanto em sua consideração de ser um monge, mas sim em sua origem étnica, um tibetano. Portanto, ele pode dizer: "Eu, um tibetano." Em outro nível, essa pessoa pode ter ainda outra identidade, em que o fato de ser um monge e a origem étnica talvez não desempenhem um papel importante. Ele pode pensar: "Eu, um ser humano." Ou seja, é possível ver perspectivas diferentes dentro da identidade individual de cada pessoa. O que isso indica é que, ao nos relacionarmos conceitualmente com alguma coisa, somos capazes de observar um fenômeno por muitos ângulos diferentes, embora em geral sejamos bastante seletivos. Focalizamos um ângulo determinado, um aspecto particular desse fenômeno, e adotamos uma perspectiva específica.

(9) Qualquer coisa que me aconteça
Não vai perturbar minha alegria mental;
Por me fazer infeliz, não realizarei o que desejo
E minhas virtudes vão definhar.

O nono versículo indica que, como praticante da paciência, a pessoa deve assumir o compromisso de não permitir que sua alegria mental seja perturbada pelo que acontecer.

Alegria mental refere-se a um estado de serenidade ou estabilidade, que é o fator contrário ao descontentamento ou infelicidade mental. A razão para a determinação de nunca permitir que a alegria mental seja perturbada, é o fato de que a pessoa infeliz e descontente não será capaz de realizar o que deseja. Portanto, em certo sentido, sentir-se infeliz é absolutamente insensato. Também é destrutivo, porque perder a alegria e a estabilidade mental dá origem a situações em que as virtudes da pessoa também definham pela geração de raiva e ódio.

(10) Por que ser infeliz com algo,
Se é possível remediar?
E de que adianta ser infeliz com alguma coisa,
Se não é possível remediar?

Shantideva apresenta aqui outra razão para evitar ser infeliz: se a situação ou natureza do problema pode ser remediada, então não há necessidade de se sentir aborrecido ou infeliz a respeito. Por outro lado, se a situação é de um tipo em que o problema ou dificuldade não pode ser remediado, onde não há possibilidade de solução, então também não há sentido em ficar aborrecido ou infeliz a respeito.

No décimo primeiro versículo, Shantideva identifica os fatores que normalmente dão origem a sentimentos de descontentamento e infelicidade mental. É o seguinte:

(11) Para mim e para meus amigos,
Não quero sofrimento e desrespeito,
Não quero palavras ríspidas, nada desagradável;
Mas para meus inimigos, quero o oposto.

Isso explica as oito preocupações temporais. Em termos gerais, uma atitude temporal envolve sentir-se feliz quando certas coisas agradáveis acontecem, e infeliz quando as coisas saem erradas. Nós nos sentimos felizes quando as pessoas nos elogiam e infelizes quando nos insultam ou dizem coisas ruins a nosso respeito. Da mesma forma, ficamos felizes quando obtemos as coisas materiais que desejávamos e infelizes quando não as obtemos. Também nos sentimos felizes quando nos tornamos famosos e infelizes quando a fama é negativa. Assim como temos esses sentimentos naturais em relação a esses oito fenômenos, também temos sentimentos similares quando esses eventos ocorrem com amigos íntimos, parentes ou alguém a quem amamos.

Mas não é o que acontece quando esses eventos ocorrem com nosso inimigo. No caso do inimigo, há o inverso. Ficamos infelizes quando o inimigo tem uma vida bem-sucedida e feliz, e feliz quando a sorte do inimigo declina. Ficamos angustiados e infelizes quando o inimigo se torna famoso, e felizes quando a fama é negativa. É essa a nossa atitude normal.

Isso indica que temos uma tendência natural para detestar o sofrimento, a infelicidade e os problemas, e que naturalmente procuramos a alegria, o prazer e a felicidade. Como nossos sentimentos de descontentamento e infelicidade surgem em relação a essa tendência natural, Shantideva ressalta que a atitude diante do sofrimento pode precisar de uma modificação. O sofrimento pode não ser tão ruim quanto pensamos.

Por isso, é importante compreender a posição budista básica sobre toda a questão do sofrimento. Em seus ensinamentos públicos, a primeira coisa que Buda ensinou foi o princípio das Quatro

Nobres Verdades. A primeira delas é a verdade do sofrimento. Em seus ensinamentos, ele atribuiu muita ênfase à natureza sofredora da existência. A reflexão sobre o sofrimento é muito importante porque há uma saída, uma alternativa, que é a possibilidade de libertação do sofrimento. É por causa disso que se torna crucial a compreensão da natureza do sofrimento. Se não houvesse esperança, nenhuma possibilidade de libertação do sofrimento, a mera reflexão a respeito seria uma forma de pensamento mórbido e negativo.

Aqui, Shantideva nos encoraja: a fim de nos libertarmos de intenso sofrimento futuro, ele recomenda que adotemos uma atitude determinada para podermos resistir às dificuldades imediatas para se atingir propósito superior.

O décimo segundo versículo diz o seguinte:

(12) As causas da felicidade às vezes ocorrem.
Mas as causas para o sofrimento são muitas.

Enquanto descobrimos que há muitos fatores e condições que causam dor e sofrimento em nossa vida, também constatamos que as condições que dão origem à alegria e à felicidade são comparativamente raras. Como essa é a realidade de nossa existência, faz mais sentido adotar uma atitude que produza um grau maior de tolerância. O sofrimento é parte de nossa realidade, um fato natural de nossa existência. É algo que temos de suportar, quer gostemos ou não. Podemos muito bem adotar uma atitude que nos permita tolerar a fim de não sermos afetados mentalmente com muita intensidade. Se não temos esse nível de tolerância, nossa vida será miserável. Por exemplo, quando temos uma noite ruim, essa noite parece eterna, dá a impressão de que nunca vai terminar. Da mesma forma, se a pessoa não adota uma atitude que permita tolerar o sofrimento, então a vida se tornará miserável.

Por exemplo, quando uma pessoa é criada num ambiente privilegiado, com abundância material e sem dificuldades, essa pessoa se torna mimada, muitas vezes a um grau em que seu nível de tolerância para as dificuldades é muito baixo. Quando surge um problema, por menor que seja, ela não consegue enfrentá-lo. Meu falecido irmão mais velho, Lobsang Samten, que passou muitos anos nos Estados Unidos, comentou em certa ocasião que se a eletricidade for cortada e não voltar por algum tempo, é possível que muitas pessoas morram de inanição, já que tanta coisa depende da energia elétrica. Há *freezers*, geladeiras, fornos elétricos e assim por diante: os confortos domésticos são inúmeros. Há elevadores em muitos edifícios nas grandes cidades; se não houver eletricidade, os elevadores não funcionam. As pessoas que residem nos últimos andares devem se preparar para uma longa meditação; e se for no inverno, podem congelar até a morte.

As duas últimas linhas do décimo segundo versículo dizem:

> Sem sofrimento, não há renúncia.
> Portanto, é preciso se manter firme.

Esses dois versos nos dizem que não apenas é importante refletir sobre o sofrimento, como também que isso acarreta um grande benefício. Refletir sobre o sofrimento tem um tremendo significado, porque somente pelo reconhecimento da natureza do sofrimento é possível gerar um genuíno senso de renúncia, um genuíno desejo de procurar a libertação dessa servidão.

No caso de um praticante budista, por exemplo, a pessoa tem de refletir não apenas sobre o sofrimento das dores imediatas e óbvias, como também sobre a própria existência como sendo da natureza do sofrimento e da insatisfação. Enquanto a pessoa estiver sob a influência do karma e das ilusões, permanecerá num estado de sofrimento e insatisfação. Assim, podemos perceber os sofrimentos óbvios como dor, dificuldades, mágoas e assim por diante, como fortes indicadores da natureza básica insatisfatória de nossa existência. São como ponteiros ou lembretes dessa natureza fundamental.

Às vezes, quando encontro com amigos budistas que se queixam de dificuldades, dor, sofrimento, eu lhes digo, jovial, que deveriam estar gratos por isso, porque, em termos ideais, ganhamos experiência em nossas meditações sobre o sofrimento. Como isso não acontece, o próprio corpo nos diz que estamos nessa natureza insatisfatória da existência. Portanto, devemos ser gratos por dores e sofrimentos.

(13) Se alguns ascetas e pessoas de Karnapa
Suportam a dor de cortes e queimaduras sem razão,
Então por que eu não tenho coragem,
Em nome da libertação?

Se pessoas estão dispostas a suportar dificuldades e dores para alcançar objetivos que não são supremos, então por que eu, que aspiro a total libertação do sofrimento, não sou capaz de tolerar um grau de dores e dificuldades? Podemos encontrar essa instrução em muitos outros textos budistas: não é o caminho do sábio desistir de algo grande para alcançar um objetivo menor; em vez disso, o caminho do sábio é desistir de algo menor por propósito ou objetivo superior. Há um ditado tibetano que diz que a pessoa deve ser capaz de largar cem para ter mil de volta. Podemos pensar que é verdade que se deve sacrificar alguma coisa menor em nome de um propósito superior, mas ainda assim duvidar que temos a capacidade para fazer isso. Podemos nos sentir desanimados ou desencorajados.

Por isso, no décimo quarto versículo, Shantideva diz que não há necessidade de se sentir desanimado ou desencorajado por qualquer atividade, embora a constante familiaridade, por meio do constante treinamento, sempre permita tornar alguma coisa mais fácil e mais aceitável. O versículo diz:

(14) Não há absolutamente nada
Que não seja mais fácil com o conhecimento.
Ao ter conhecimento dos pequenos males,
Devo aprender a aceitar pacientemente os males maiores.

Quando uma pessoa inicia uma atividade ou prática específica, esta pode parecer assustadora no estágio inicial, mas pela constante familiaridade, pelo reforço da determinação é possível torná-la mais fácil. Não é a prática em si que se tornou mais fácil, mudaram a atitude e o estado mental da pessoa. Isso acontece porque a aparência do fenômeno mudou.

Nos três versículos seguintes Shantideva dá exemplos dos tipos de dores e sofrimentos a que uma pessoa pode se acostumar pela familiaridade ou constante exposição.

(15) Quem já não passou por pequenos sofrimentos,
Como picadas de serpentes e de insetos,
Sentimentos de fome e de sede,
e coisas insignificantes como brotoeja?

(16) Não devo me sentir impaciente
Com calor e frio, vento e chuva,
Doença, servidão e surras;
Pois se ficar, o mal que me causam será maior.

(17) Alguns, quando vêem o próprio sangue,
Tornam-se mais bravos e firmes,
Mas há quem veja o sangue dos outros
E desmaia e fica inconsciente.

Shantideva cita exemplos aqui de dois tipos de pessoas: quando alguém vê sangue, mesmo que seja o seu, fica com mais coragem ainda; enquanto outras pessoas, quando vêem sangue, o seu ou de outras pessoas, desmaiam e ficam inconscientes. Essa diferença vem do condicionamento e da constante familiaridade.

O décimo oitavo versículo começa assim:

(18) Essas (reações) vêm da mente
E são firmes ou tímidas.

Os dois versos seguintes resumem o que analisamos antes:

Assim, devo ignorar os males que me causaram
E não me deixar afetar pelos sofrimentos.

Em suma, temos falado sobre um dos métodos para neutralizar o aparecimento dos sentimentos de descontentamento, insatisfação e infelicidade mental: o de promover uma transformação em nossa atitude em relação ao sofrimento e à dor. Nossa atitude normal é a tendência muito natural para detestar totalmente o sofrimento e a dor. Há intensidade em nossa aversão e intolerância com a dor e o sofrimento. Ao contemplar a natureza do sofrimento e ao contemplar a possibilidade de mudar a atitude pela constante familiaridade, reduzimos essa intensidade de tal forma que nosso sentimento em relação ao sofrimento não é mais tão intolerante quanto antes.

Contudo, creio que algumas dessas reflexões devem ser compreendidas em seu contexto apropriado. Aqui, a estrutura específica do caminho budista é mais ou menos pressuposta e dentro dela são apresentados os princípios das Quatro Nobres Verdades e das Duas Verdades. A estrutura completa inclui a base, o caminho e o estado resultante para o qual a pessoa se encaminha. A menos que se conheça o contexto completo, há o perigo de se entender errado esse tipo de método como sendo um tanto mórbido. Portanto, situá-lo no contexto é crucial.

É muito importante, sempre que a pessoa lê textos budistas, que entenda o que está sendo apresentado no contexto apropriado, em sua relação com outros aspectos do caminho budista. Sob esse aspecto, acho que a tradição tibetana é admirável, porque há sempre uma ênfase num método combinado de estudo e prática.

Meditação

Durante esta meditação, vamos focalizar a natureza do sofrimento em nossa existência, pensando na mudança momentânea. A mudança momentânea significa que as coisas estão em movimento, nunca ficam paradas. Na prática budista, é muito importante compreender que a desintegração dos fenômenos — eventos ou coisas — não exigem qualquer fator secundário: está embutida como em um mecanismo. Isso indica que todas as coisas e eventos se encontram sob o poder de outros fatores. Quando consideramos nosso próprio corpo ou agregados, compreendemos que se encontram sob a influência de fatores de ignorância ou ilusão. Não há espaço real para alegria ou felicidade. A ignorância é negativa e qualquer coisa que permaneça sob o poder de uma força negativa não pode ser considerada positiva, boa ou desejável.

O ódio, o inimigo interior de que temos falado, e o desejo são os dois "companheiros" da ignorância. Em outras palavras, a ignorância é como o presidente ou o primeiro-ministro. O desejo e o ódio são como seus dois ministros mais poderosos. Juntos, eles constituem os "três venenos" da mente.

Ou seja, nossa própria existência está sob a influência dos três venenos. Se nos encontrarmos sob o poder dessas três forças venenosas, então nossa existência é essencialmente insatisfatória. É essa a meditação sobre o sofrimento. É essa a raiz profunda, não apenas a frustração por suas dores com seu corpo. O principal é ir ao fundo, livrar-se do que causa os problemas. É essa a meditação sobre o sofrimento.

Comece por pensar na mudança momentânea e suas causas. Depois, considere o samsara e seus defeitos. Essa é a maneira apropriada de meditar.

Perguntas

P: *A psicoterapia ocidental encoraja a manifestação da raiva. Há uma manifestação apropriada de raiva, em vez do antídoto da paciência? O que tem a dizer aos psicólogos e conselheiros que recomendam "Deixe sair tudo" sobre a raiva e o ódio?*

R: Creio que precisamos compreender que há muitas situações diferentes. Em alguns casos, as pessoas acalentam fortes sentimentos de raiva e mágoa com base em alguma coisa que fizeram com elas no passado, um abuso ou qualquer outra coisa. Esses sentimentos são mantidos reprimidos. Um ditado tibetano diz que se há alguma doença na concha, você pode limpar ao soprar. Em outras palavras, se alguma coisa bloqueia a concha, basta soprar para que fique livre. Portanto, é possível imaginar uma situação em que pode ser melhor apenas deixar que os sentimentos de raiva se manifestem.

Contudo, em termos gerais, a raiva e o ódio são emoções que, se não forem contidas ou controladas, tendem a se agravar, a continuar aumentando. Quanto mais se trabalha com essas emoções, quanto mais se adota uma atitude cautelosa, quanto mais se tenta reduzir o nível de sua força, melhor é.

P: *O ódio e a raiva não estão relacionados com a afeição, não apenas em relação a coisas, como também a princípios, ideologias e especialmente a identificação do "eu" como uma entidade permanente?*

R: É verdade que o ódio e a raiva estão enraizados, em última análise, num sentimento forte, numa sólida noção do eu, do ego permanente. De um modo geral, quando falamos sobre absorver uma noção do eu ou ego, devemos distinguir entre dois tipos. Uma definição de ego é a atitude egocêntrica, em que a pessoa considera seu próprio interesse como a única coisa que vale qualquer consideração, e permanece alheia ou indiferente a necessidades ou sentimentos dos outros. Mas há o outro tipo de ego, uma convicção num "eu" permanente e concreto. No estágio inicial, esses dois tipos de atitudes egocêntricas são complementares, uma reforça a outra. Ou seja, estão ligadas de forma inextricável em nossas mentes.

Mas se a pessoa enfatiza a prática de bodhichitta, a aspiração de alcançar o estado búdico pelo bem de todos os seres sencientes, e prejudica essa capacidade altruísta ao dispensar pouca atenção em gerar percepção sobre a natureza suprema da realidade, então é possível que em alguns casos possa permanecer além do alcance intelectual. Nesses casos, a atitude egocêntrica, baseada em pensamentos egoístas, um sentimento de menosprezo pelo bem-estar e sentimentos dos outros podem diminuir, mas a noção do eu permanente e tolerante ainda pode persistir. Da mesma forma, se a pessoa enfatiza a prática do vazio mas não dá atenção ao aspecto bodhichitta do caminho, então a noção de um eu permanente e concreto pode aumentar, mas a atitude egoísta ainda persiste. Ou seja, num nível superior, pode-se perceber uma distinção entre esses dois tipos de ego.

Por isso é tão importante, quando nos lançamos pelo caminho espiritual para a perfeição, ser capaz de adotar um rumo em que há unificação do bom método e da sabedoria, dos meios hábeis e da percepção.

Creio que essa questão também se relaciona com a posição budista básica: como o ódio e a dependência estão, em última análise, enraizados na ignorância, num conceito equivocado da natureza da realidade, os antídotos específicos para a raiva e o ódio, e os antídotos específicos para a dependência podem ser considerados limitados, por serem específicos para as emoções aflitivas da pessoa. Por outro lado, o antídoto para a ignorância ou concepção equivocada é mais abrangente, já que serve não apenas para a ignorância como também para o ódio e a dependência, por estes estarem enraizados na ignorância.

Além disso, quando falamos na noção do eu no budismo, é preciso ter em mente que há diferentes graus ou tipos. Há certos tipos de senso do eu que não apenas devem ser cultivados, como também reforçados e ampliados. Por exemplo: para se ter uma determinação forte de procurar o estado búdico em benefício de todos os seres sencientes é preciso ter um profundo senso de confiança, que se baseia num senso de compromisso e coragem. Isso exige uma grande noção do eu. A menos que se tenha essa identidade ou senso do eu, a pessoa não será capaz de desenvolver a confiança e a coragem para buscar decididamente esse objetivo. A doutrina da natureza de Buda nos proporciona muito estímulo e confiança, porque compreendemos que há esse potencial dentro de nós, o que nos permitirá alcançar a proteção que procuramos. Mas há tipos diferentes de senso do eu, enraizados na convicção de uma entidade permanente, sólida e indivisível, chamada "ego" ou "eu". Há a convicção de que existe alguma coisa muito concreta ou objetiva nessa entidade. Essa é uma falsa noção do eu que deve ser superada.

Até dentro dessa falsa noção do eu podemos perceber vários níveis, várias formas brutas, em que se encontra uma convicção ingênua num eu permanente e inalterável. Se formos mais a fundo, descobrimos que há uma convicção em algo que possui uma espécie de realidade intrínseca, uma posição independente e singular. Também isso é uma falsa noção.

Outro forte senso do eu que também é falso é aquele que envolve uma tendência para ignorar o bem-estar e sentimentos dos outros. Esse senso do eu deve ser descartado e superado. Assim, devemos ser muito sensíveis quando usamos as palavras "ego" e "eu" no contexto budista. Não podemos assumir uma posição de preto ou branco, dizendo "Isso está fora, isso está dentro".

P: *Qual é o papel das divindades iradas?*

R: Não é fácil explicar. A filosofia básica é a de que as emoções humanas, como a raiva, atuam em geral como uma força para provocar uma ação rápida. Creio que é essa a fundação. Portanto, o princípio geral por trás da idéia de divindades iradas é a de que se trata de algo específico dos estados emocionais, como a raiva e outras emoções aflitivas; elas possuem uma espécie de energia. Quando se experimenta o estado emocional, há uma espécie de energia que permite à pessoa efetuar uma ação rápida. É um fator motivador muito poderoso. É no contexto desse fato que se deve compreender a prática do relacionamento com divindades iradas.

Outra coisa que precisamos compreender é a posição budista básica diante das chamadas emoções aflitivas. Da perspectiva dos sistemas não-Mahayana, em que o objetivo supremo é a libertação pessoal do samsara e não se fala sobre a importância de gerar bodhichitta, todas as ações negativas do corpo, fala e mente devem ser abandonadas. Não há circunstâncias excepcionais em que se tornam permissíveis. Todas devem ser abandonadas. Ponto final.

No veículo sutra do Mahayana, no entanto, o objetivo primário de um praticante Bodhisattva é prestar serviços aos outros; por isso, permitem-se certas exceções em matéria de ações negativas do corpo e da fala. Cabe ressaltar, porém, que não há exceções no caso das não-virtudes da mente, porque não há a menor possibilidade de não-virtudes mentais serem benéficas. No caso do praticante Bodhisattva, se a situação é benéfica para a comunidade em geral, ou para muitos seres sencientes, então há permissão para que ele use a associação, não tanto para abrir o caminho, mas como um fator complementar do caminho, como um acessório para o objetivo de ajudar os outros. Mas não há permissão no Sutrayana para que o Bodhisattva gere ódio ou raiva.

O Budismo Tântrico contém técnicas exclusivas de meditação sobre o vazio, baseadas na meditação ioga, o procedimento meditativo pelo qual a pessoa dissolve a percepção comum, adotando deliberadamente uma identidade que é aperfeiçoada e divina. Nessa base, também há exceções para o uso da raiva no caminho. É nesse contexto que as divindades iradas são usadas na meditação tântrica.

É claro que, quando se utiliza a energia da raiva em benefício dos outros, é muito mais fácil visualizar divindades iradas em vez de divindades pacíficas.

P: *Se não há alma, qual é a natureza do fluxo mental que reencarna de uma vida para outra? Como pode uma consciência se tornar uma entidade separada?*

R: Mais uma vez, tudo depende da maneira como se compreende o termo "alma". Se a pessoa compreende "alma" como um contínuo de individualidade de momento a momento, de vida a vida, então pode-se dizer que o budismo também aceita um conceito de alma; há uma espécie de continuidade da consciência. Por esse ponto de vista, o debate para determinar se a alma existe ou não torna-se extremamente semântico. Contudo, na doutrina budista do altruísmo ou teoria "sem alma", a noção é de que não há um eu eterno, inalterável, tolerante e permanente chamado "alma". É isso que o budismo nega.

O budismo não nega a continuidade da consciência. Por causa disso, encontramos alguns estudiosos tibetanos, como Rendawa, o mestre de Sakya, que aceitam a existência de uma coisa como o eu ou a alma, o "*kangsak ki dak*" (em tibetano, *gang zag gi bdag*). A mesma palavra, o "*kangsak ki dak*", o eu ou pessoa ou eu pessoal ou identidade, é ao mesmo tempo negada por muitos outros estudiosos.

Encontramos opiniões diversas, mesmo entre estudiosos budistas, sobre qual é exatamente a natureza do eu, o que é exatamente essa coisa ou entidade que continua de um momento para o momento seguinte, de uma vida para a vida seguinte. Alguns tentam localizar dentro dos agregados, o composto de corpo e mente. Alguns explicam em termos de uma designação baseada no composto de corpo e mente, e assim por diante.

Também encontramos uma escola específica dentro da tradição Mahayana, chamada escola Chittamatra ou Yogachara, a escola da "Mente Sozinha". Uma das divisões dessa escola sustenta que há uma continuidade especial de consciência chamada *alayavijnana*, que é a consciência fundamental. Eles postulam isso por uma razão: se existe uma coisa como um eu, um fluxo de consciência continuando de uma vida para outra, então se procurarmos pela verdade por trás do termo "eu" ou qualquer outro nome que tenha, deveremos encontrá-la. Se não pudermos encontrá-la, estaremos tendendo para o niilismo. Mas se postulamos um eu, ou um agente independente do corpo e mente, então estaremos tendendo para o extremo do absolutismo. Além disso, se fôssemos identificar o eu ou a pessoa dentro do fluxo de consciência, isso seria problemático. É que o budismo aceita certos estados de existência em que há uma ausência de consciência; nesses instantes, não haveria qualquer pensamento ou consciência presente na mente da pessoa. Por causa desses problemas, essa escola postula uma continuidade de consciência separada, chamada alayavijnana, que é como uma base fundamental.

Um dos motivos pelos quais os Chittamatrins sentiram a necessidade de postular esse tipo específico de fluxo de consciência foi o seguinte: se tentarmos explicar o ego ou a personalidade apenas dentro do contexto dos seis tipos de consciência e cinco faculdades sensoriais, teremos problemas, como já ressaltei antes. Por exemplo, no estágio de ausência de pensamento não há consciência; portanto, não haveria qualquer pessoa. Temos também no budismo a aceitação de um estado de compreensão intuitiva direta do vazio, quando a consciência se torna totalmente pura, imaculada, sem misturas. Nesse instante, mesmo que a pessoa não seja iluminada por completo, não há consciência maculada ou poluída. Mas é preciso aceitar alguma forma de profanação, que bloquearia a plena iluminação da pessoa. Isso deve ser compreendido em termos de impressões, disposições e assim por diante. Por causa disso, os Chittamatrins descobriram a necessidade de postular essa base fundamental, definida em termos de uma consciência neutra, que serve apenas como uma espécie de depósito de todas as várias marcas que são implantadas em nossa psique.

P: *O resultado social da raiva e do ódio é o assassinato a sangue-frio cometido por pessoas cada vez mais jovens. Qual é o papel da sociedade na reação à raiva e ao ódio?*

R: Como ressaltei na entrevista coletiva de ontem, sinto que tem havido negligência por um longo período, várias décadas. Durante esse tempo, não dispensamos atenção suficiente à importância de alguns valores humanos fundamentais. Em combinação com outros fatores, isso levou ao tipo de sociedade em que nos encontramos agora. É muito difícil apresentar soluções simples, de um momento para outro. Há necessidade de um esforço coordenado de muitos ângulos diferentes para tentar lidar com esse problema. A educação, não resta a menor dúvida, é um fator de extrema importância. A maneira como educamos nossas crianças é muito importante. Também creio que o comportamento de um mestre é um fator muito importante. O dever de um mestre não é apenas transmitir informações ou conhecimentos, mas também oferecer um bom exemplo dos princípios que tentamos ensinar. Portanto, a maneira pela qual as crianças são educadas torna-se muito importante, em particular o bom exemplo dado pelos adultos. Assim, esses princípios ou valores penetram no coração das crianças. É claro que a mídia também tem uma participação fundamental.

P: *O que podemos fazer para reduzir a influência da ganância?*

R: Num certo sentido, sem a ganância não haveria renascimento. A fim de se ter a reencarnação, precisamos da ganância. Como acontece com a raiva, creio que há vários tipos diferentes de ganância; algumas podem ser positivas, outras são negativas. A ganância é uma forma de desejo. Só que é uma forma exagerada de desejo, baseada em superexpectativa.

O verdadeiro antídoto para a ganância é o contentamento. Para um budista, um praticante do Dharma, muitas práticas podem servir como uma espécie de contraforça para a ganância: a compreensão do valor de se procurar a libertação do sofrimento, o reconhecimento da natureza insatisfatória latente da existência e assim por diante. Essas visões também ajudam a pessoa a neutralizar a ganância. Mas, em termos de uma reação imediata à ganância, uma maneira é refletir sobre os excessos da ganância, o que faz com uma pessoa, para onde leva. A ganância leva a um sentimento de frustração, desapontamento, muita confusão e uma porção de problemas.

Quando se trata de lidar com a ganância, um elemento é característico: embora derive do desejo de se obter alguma coisa, não fica satisfeita com essa obtenção. Ou seja, a ganância é ilimitada ou infinita, o que acarreta problemas. O mais interessante na ganância é o fato de que o motivo por trás pode ser o de alcançar o objeto do desejo, mas a pessoa não fica satisfeita depois que o consegue. Por outro lado, se a pessoa possui um forte senso de contentamento, não importa se alcança ou não o objetivo desejado; de qualquer forma, ela permanece contente.

P: *Qual é o relacionamento entre concentração e paciência e entre humildade e paciência?*

R: Em termos gerais, quando a pessoa se empenha em qualquer forma de prática, o hábito da concentração é necessário, definido como uma faculdade que permite manter a atenção no objeto da observação. Seja a paciência ou qualquer outra prática, é preciso dispensar toda a atenção. Por isso, a concentração é necessária.

Há também uma profunda ligação entre humildade e paciência. Humildade é ter a capacidade de retaliar, mas decidir não fazê-lo. A pessoa possui a capacidade, se assim o desejar, de assumir uma posição mais agressiva ou de confrontação, mas deliberadamente decide não fazê-lo. É o que se poderia chamar de humildade genuína. Quando há um sentimento de desamparo ou incapacitação diante da situação, eu não diria que se trata de humildade genuína, porque não há alternativa a não ser ceder.

Também no caso da tolerância ou paciência pode haver tipos diferentes. Um é genuíno e envolve a decisão de ser mais tolerante por meio da autodisciplina. Por outro lado, quando se é forçado a adotar uma reação, seria mais submissão do que humildade. Portanto, há diferenças.

De um modo geral, a tolerância exige autodisciplina, a compreensão de que se poderia ter agido de outra forma, que se poderia adotar uma posição agressiva, mas que se decidiu não fazê-lo, não porque alguém assim obrigou, mas pela disposição para ser tolerante. Nossa prática da tolerância em relação aos chineses é genuína, não questionável.

Dia Dois

PRIMEIRA SESSÃO

No *Pratimoksha-sutra*, a escritura sobre ética e disciplina monástica, Buda declara que não devemos nos permitir ações que sejam insalubres; em vez disso, devemos sempre efetuar feitos que sejam saudáveis. Esse modo de vida deve se basear num estado disciplinado da mente. Ou seja, a pessoa deve domar ou disciplinar a própria mente. Essa disciplina, trazendo a transformação interior, é, de fato, a essência da doutrina ou ensinamento de Buda. Portanto, isso indica que, em última análise, se uma ação é saudável ou insalubre depende de provir de um estado da mente disciplinado ou indisciplinado.

Também encontramos em outras escrituras declarações que indicam que se a mente está disciplinada e domada ou se encontra em paz, isso levará a alegria e a felicidade; por outro lado, se a mente não é disciplinada nem está em paz, isso acarretará infelicidade e sofrimento. Em última análise, o estado da mente é o fator determinante.

De um modo geral, é possível indicar o caminho espiritual da vida de uma determinada pessoa através de meios externos, pelo uso de roupas determinadas, a manutenção de um altar ou santuário em casa, o hábito de entoar cânticos e recitações e assim por diante. Essas práticas ou atividades, no entanto, são secundárias para o caminho de vida religioso ou espiritual. Isso acontece porque essas atividades podem ser também desempenhadas por uma pessoa que acalenta um estado da mente muito negativo. Por outro lado, todas as virtudes da mente, as qualidades mentais, são o Dharma autêntico. São qualidades espirituais genuínas porque não podem coexistir, por um momento sequer, com maus sentimentos ou estados mentais negativos.

Portanto, empenhar-se no treinamento ou em um método de promover a disciplina interior é a essência de uma vida religiosa. Uma pessoa levar ou não uma vida espiritual, depende do sucesso em ela alcançar ou não um estado de mente disciplinado ou domado.

Em relação às técnicas para se conseguir essa transformação interior, o método básico empregado no caminho budista é uma união dos meios hábeis com a sabedoria. Vamos tomar como exemplo um caso do texto específico de que estamos tratando, o *Guia para o Modo de Vida do Bodhisattva,* de Shantideva. O capítulo nove trata do aspecto da sabedoria no caminho, isto é, a geração de percepções, enquanto os capítulos restantes tratam do aspecto do método em si, os meios hábeis para percorrer o caminho. Quando falamos sobre os meios hábeis ou o aspecto do método no caminho Mahayana, o exercício principal é o desenvolvimento do amor e da compaixão. A fim de aumentar as qualidades de amor e de compaixão, a pessoa precisa anular os fatores que bloqueiam seu desenvolvimento. Sob esse aspecto, a prática da tolerância e da paciência torna-se fundamental para os praticantes Bodhisattva.

Assim como no caminho geral do Budismo Mahayana, em que os aspectos do método e da sabedoria se complementam e se reforçam, aqui a prática da tolerância e da paciência é necessária para gerar e aumentar a capacidade de amor e de compaixão. À medida que a pessoa progride pelo caminho, o amor e a compaixão por um lado, a paciência e a tolerância por outro, tornam-se complementares e se reforçam.

Os dois versículos seguintes dizem:

(19) Mesmo quando os sábios sofrem,
Suas mentes permanecem lúcidas e impolutas;
Pois quando há uma guerra com os conceitos perturbadores,
Muito mal é causado no momento da batalha.

(20) Os guerreiros vitoriosos são aqueles
Que ignoraram todos os sofrimentos,
E venceram os inimigos do ódio;
(Guerreiros comuns) abatem apenas corpos.

Quando nos empenhamos na prática da paciência e da tolerância, o que acontece na verdade é um combate com o ódio e a raiva. Como é uma situação de combate, a pessoa busca a vitória; mas deve estar preparada para a possibilidade de perder a batalha. Por isso, ao se empenhar no combate, a pessoa não deve perder de vista o fato de que encontrará muitos problemas e dificuldades no processo. É preciso ter a capacidade de resistir a essas dificuldades e ter a fortaleza de suportar os problemas. Alguém que conquista a vitória sobre a raiva e o ódio, através de um processo tão árduo, é um verdadeiro herói. Por outro lado, aqueles que lutam contra outros seres humanos, por raiva e ódio, por uma emoção forte, mesmo que alcancem a vitória sobre seus inimigos na batalha não são, na realidade, verdadeiros heróis. O que eles fazem, no fundo, é matar cadáveres; porque os seres humanos, sendo transitórios, sempre morrerão. Se esses inimigos vão ou não morrer na batalha é outra questão; mas é certo que morrerão em algum momento. Portanto, o que eles fazem, sem dúvida, é abater cadáveres. O verdadeiro herói é aquele que conquista a vitória sobre o ódio e a raiva.

Podemos sentir que temos de nos empenhar em combate com o ódio e a raiva, além de outras ilusões, mas que garantia, que segurança temos de que podemos alcançar uma vitória? Creio que esse ponto é muito importante. É preciso ter alguma garantia de que é possível, se nos empenharmos com todo vigor, conquistar uma vitória sobre as ilusões.

Se prestarmos bastante atenção, é muito simples reconhecer esses pensamentos e emoções aflitivas, chamadas de *nyon mongs* em tibetano, significando literalmente "aquilo que aflige a mente de dentro". O termo é traduzido muitas vezes simplesmente como "ilusões". A etimologia do termo tibetano transmite o sentido de que são eventos emocionais e cognitivos. Afligem automaticamente a mente da pessoa; destroem a paz de espírito e produzem um distúrbio na psique. É bastante óbvio que, se prestarmos a atenção necessária, poderemos perceber sua natureza aflitiva quando surgem, porque possuem uma tendência para acabar com a nossa serenidade e presença de espírito. Mas é difícil descobrir se, pela aplicação dos antídotos correspondentes, podemos ou não superá-los e eliminá-los. É uma questão que se relaciona diretamente com toda a idéia da possibilidade de alcançar ou não o nirvana ou a liberação do samsara. É uma questão muito séria e difícil.

Em relação ao conceito budista do nirvana, isto é, a liberação ou liberdade, encontramos a mais antiga análise a respeito na escritura da primeira oração pública do Buda, que trata basicamente das Quatro Nobres Verdades. Mas uma compreensão plena e ampla do nirvana e da liberação só pode ser desenvolvida pelo estudo dos ensinamentos apresentados na segunda e terceira orações públicas.

Então quais são as premissas ou bases que temos para aceitar que essas aflições mentais podem ser arrancadas e eliminadas de nossa mente? No pensamento budista, temos três razões principais para acreditar que isso pode acontecer. Uma é a de que todos os estados mentais ilusórios, todas as emoções e pensamentos aflitivos, são essencialmente distorcidos em sua percepção. Por outro lado, todos os fatores de antídoto, como amor e compaixão, não apenas não são distorcidos, como também se baseiam nas mais variadas experiências e na realidade.

Segundo, todas essas forças de antídoto também possuem a qualidade de serem fortalecidas através da prática e do treinamento. Através do constante exercício, pode-se expandir a capacidade e aumentar o potencial de forma ilimitada. Portanto, a segunda premissa é a de que a pessoa, à medida que aumenta a capacidade da força desses antídotos, também é capaz de reduzir, num volume correspondente, as influências e os efeitos dos estados mentais ilusórios.

A terceira premissa é a de que a natureza essencial da mente é pura; em outras palavras, há a idéia de que a natureza essencial da mente é clara e luminosa, ou seja, tem a natureza de Buda.

Assim, com base nessas três premissas, o budismo aceita que as ilusões, todas as emoções e pensamentos aflitivos, podem ser eliminados através da prática e da meditação.

Alguns desses pontos são bastante óbvios. Se a pessoa prestar a devida atenção, vão se tornar bastante claros. Já outros podem permanecer obscuros ou ocultos. Contudo, através da análise e da investigação, a pessoa poderá desenvolver inferências. Assim, tudo poderá ser compreendido através da investigação e da análise. Não é necessário aceitar o testemunho da autoridade das escrituras.

Um dos motivos pelos quais as palavras de Buda podem ser aceitas como válidas em relação aos fenômenos muito obscuros é o fato de que, nas coisas menos ocultas, seus ensinamentos provaram ser confiáveis e válidos. A principal preocupação de quem busca é descobrir se é possível ou não alcançar a liberação ou liberdade do sofrimento. E, nesse ponto, os ensinamentos de Buda são absolutamente válidos e confiáveis.

(21) Além disso, o sofrimento tem boas qualidades:
Através do desânimo, a arrogância se dissipa,
A compaixão surge na existência cíclica,
O mal é repelido e a alegria é encontrada na virtude.

Nesse versículo, Shantideva discorre sobre os benefícios de se pensar no sofrimento. Primeiro, ele declara que a reflexão sobre o sofrimento, quando se avalia a natureza insatisfatória latente de nossa existência, vai automaticamente reduzir a arrogância e o sentimento de presunção. Além disso, quando a pessoa tem consciência da natureza do sofrimento, de suas próprias dores e angústias, isso também ajuda a desenvolver a capacidade de empatia, que permite o relacionamento com o sentimento e o sofrimento das outras pessoas. Com isso, aumenta-se a capacidade de compaixão. Ainda por cima, ao compreender a natureza do sofrimento, a pessoa vai desenvolver maior determinação para acabar com os feitos insalubres, que levam ao sofrimento. Por outro lado, aumentará o entusiasmo para se empenhar em ações e feitos saudáveis, que levam à felicidade e à alegria. São esses os benefícios ou méritos de se pensar no sofrimento.

Mas é importante ser bastante hábil na aplicação das várias técnicas, não ser extremado no método que se adota. Por exemplo, se temos muita presunção, se somos inflados pela arrogância, com base em supostas qualidades ou realizações, o antídoto é pensar mais no sofrimento, nos problemas pessoais, na natureza insatisfatória da existência. Isso vai ajudar a reduzir o nível da opinião exagerada sobre si mesmo; vai trazer a pessoa mais para a Terra, por assim dizer.

Por outro lado, se a pessoa descobre que refletir sobre a natureza insatisfatória da existência, o sofrimento, a dor e assim por diante, é sufocante demais, então há o perigo de cair no outro extremo, em que se pode mergulhar num desânimo total, no desamparo e na depressão. Isso pode levar a um pensamento: “Não posso fazer nada. Não valho nada." Esse extremo é outro perigo. Nessas circunstâncias, é importante ser capaz de elevar a mente, refletindo sobre as próprias realizações, o progresso alcançado, as qualidades positivas e assim por diante. Com isso, a pessoa sai do estado mental desanimado ou desmoralizado. O que se precisa aqui é de um método equilibrado e hábil.

É a mesma coisa que plantar uma muda de árvore. No estágio inicial, é preciso ser habilidoso e gentil: água demais pode destruir a planta, sol demais também é capaz de matá-la. É preciso um ambiente equilibrado, em que a muda possa ter um crescimento saudável. Da mesma forma, o que se procura aqui é um crescimento emocional e psicológico saudável. Para isso, é preciso ser também habilidoso e gentil, caso contrário haverá o risco de cair nos extremos.

Também pode acontecer que alguém escolha uma passagem de um texto budista e diga: "Este é o método budista." A tendência de assumir as técnicas budistas em termos rígidos, como se uma técnica em particular pudesse ser aplicada em tudo, ter uso universal, sem qualquer qualificação, deve ser evitada.

Em outras palavras, a verdadeira prática do Dharma é, sob alguns aspectos, como um estabilizador de voltagem. Quando há um fluxo de potência, a função do estabilizador é proporcionar uma energia firme e constante.

(22) Se não me torno furioso
Com grandes fontes de sofrimento como a inveja,
Então por que ter raiva de criaturas animadas?
Elas também são provocadas pelas circunstâncias.

(23) Embora não sejam desejadas,
As doenças podem surgir;
E também embora não sejam desejadas,
As concepções perturbadas afloram à força.

(24) Sem pensar "Vou me irritar",
As pessoas se irritam sem resistência,
E sem pensar "Vou gerar o que serei",
As pessoas produzem a raiva.

No versículo 22, Shantideva apresenta uma técnica de desenvolver a paciência ou tolerância baseada na avaliação da realidade complexa de uma determinada situação. A pessoa pode pensar: já que o agressor me infligiu tanta dor e sofrimento, estarei totalmente justificado se for intolerante, se reagir com raiva e ódio contra ele.

Shantideva declara que se examinarmos isso com todo cuidado, vamos descobrir que entre os fatores que causam dor e sofrimento, que causam mágoas e ressentimentos, vamos encontrar os animados e os inanimados. Por que atribuímos a culpa aos fatores animados, como as pessoas, mas não aos fatores inanimados, como as condições que deram origem ao que aconteceu? Por exemplo, nós não temos ressentimentos contra nossas doenças, embora as doenças nos causem sofrimento.

Pode-se alegar que é muito diferente, porque no caso dos fatores inanimados, como as doenças, não há um desejo de nos fazer mal — não é deliberado. Além disso, as doenças e outros fatores similares surgem sem qualquer determinação própria. Não têm escolha; são fortuitos.

Shantideva argumenta que, se é esse o caso, pode-se dizer que uma pessoa que nos inflige o mal também não tem controle. É compelida por outras forças, como emoções negativas, ilusões, ressentimentos e assim por diante. Se nos aprofundarmos ainda mais, vamos descobrir que até mesmo um sentimento muito negativo, como o ódio, também resulta de muitos fatores, sendo a soma de várias condições, não surgindo por opção, de forma deliberada.

Nos versículos 25 e 26, ele resume as reflexões que descreveu antes, enunciando que:

(25) Todos os erros cometidos
E todos os vários tipos de mal
Surgem pela força de condições:
Não comandam a si mesmos.

(26) Essas condições que se somam
Não têm intenção de produzir nada,
E nem o seu produto
Teve a intenção de ser produzido.

Mais uma vez, há uma espécie de corrente, um nexo causal, um fator levando a outro. Nada tem uma situação de independência, nada tem controle sobre si mesmo.

(27) Aquilo que se apresenta como Substância Primordial,
A que se costuma atribuir um Ego,
Não surge de pensamento deliberado (já que não é produzido),
Não diz "Vou surgir (para causar mal)".

No versículo 27, encontramos uma refutação a certas posições sustentadas por escolas não-budistas da época de Shantideva, em particular as opiniões das duas principais, a escola Samkhya e a escola Naiyayika. A idéia apresentada aqui é a de que não há coisas e eventos que surjam por sua própria opção; nenhum tem uma situação independente. Para se formular esse argumento, é preciso se antecipar a teorias rivais, segundo as quais há certos tipos de eventos e coisas que podem possuir uma posição independente. Dos dois exemplos que citei, o primeiro é a teoria Samkhya de *prakriti*, a convicção em alguma espécie de substância primária. A prakriti é descrita como o substrato de tudo, do qual surge todo o mundo dos fenômenos. É como se essa substância primordial fosse a essência que cria todo o mundo fenomenal. A própria substância seria independente, eterna e absoluta. A escola Naiyayika sustenta que o "ego" também possui esse tipo de posição independente, absoluta e eterna.

(28) Se eles são inexistentes, não-produzidos,
O mesmo acontece com o desejo de produzir (o mal também não existirá).
Como (esse Ego) sempre concebe seus objetos,
Depreende-se que nunca deixaria de fazê-lo.

(29) Além disso, se o Ego fosse permanente,
Seria obviamente privado de ação, como o espaço.
Assim, mesmo que se encontrasse com outras condições,
Como sua (natureza) inalterada poderia ser afetada?

(30) Mesmo quando influenciado (por outras condições) permanece como antes,
Então que ação seria capaz de realizar?
Ou seja, se eu disser que essa (condição) influencia (o Ego permanente),
Como poderiam as duas estar relacionadas (em termos causais)?

Nos versículos 27, 28, 29 e 30, Shantideva refuta essas posições, usando a doutrina budista da causação universal, que indaga: se a substância ou ego primordial é permanente e eterno, como se pode explicar sua interação com o mundo fenomenal? Qual é a natureza de seu relacionamento? Como se pode explicar a condicionalidade, com base no relacionamento entre o mundo fenomenal e a substância ou ego eterno? Afinal, se o ego ou substância primordial é permanente, inalterado e eterno, como pode produzir qualquer coisa? Para que alguma coisa tenha a capacidade de produzir outra coisa, deve ser um produto; e deve também depender de outras condições e fatores. Se não é produzida, não pode produzir qualquer outra coisa. Portanto, essas duas posições são refutadas com base na causação universal budista.

No versículo 31, Shantideva apresenta um sumário:

(31) Portanto, tudo é regido por outros fatores (que por sua vez) são regidos (por outros),
E assim, nada rege a si mesmo.
Isso entendido, não devo sentir raiva
De fenômenos que são como aparições.

A razão para que a analogia de aparições seja usada aqui é o fato de que uma aparição é uma ilusão criada por um mágico; não possui uma posição objetiva própria, sendo inteiramente dependente do capricho do mágico. Portanto, não tem uma vida própria, objetiva ou independente; é criada por outro fator. Da mesma forma, todos os fenômenos, porque são regidos por outros fatores e só adquirem existência em conseqüência de outras causas e condições, não possuem qualquer posição independente. Por esse ponto de vista, são como aparições. Portanto, é impróprio reagir com extremos a condições que não surgem por sua própria iniciativa, porque eles são, num certo sentido, completamente impotentes.

É importante compreender a doutrina budista da causalidade ou causação universal. Quando falamos sobre o princípio da causação, devemos compreender as características básicas dessa doutrina. É apresentada com bastante clareza no texto de Asanga chamado de *Compêndio do Conhecimento*. Ele declara que a doutrina budista da causalidade tem três características principais. Primeiro, não há aceitação de um criador autônomo. Não há idéia de um desígnio, porque o próprio Buda declara que as causas existiam e, por isso, se seguiram os efeitos, ou frutos. Portanto, é preciso compreender puramente em termos de condicionalidade, porque não há aceitação de um agente autônomo independente, ou criador. No sutra está escrito: "Por isso foi produzido, levou a esse efeito." Essa é a segunda característica, a de que qualquer coisa que é uma causa deve ter uma natureza transitória; deve ser impermanente. Se é permanente, se é eterna e inalterada, então não pode ter a capacidade de produzir qualquer coisa. A terceira característica é a de que deve haver uma correspondência, um relacionamento singular entre a causa e o efeito. Essas são as três características da teoria budista da causalidade universal, ou princípio da causalidade.

Quando o princípio da causalidade é examinado mais a fundo, o budismo explica dois tipos principais de causas. Uma é chamada de "causa substancial", o material que se transforma no efeito. Há também as causas contributivas que não são primárias, por serem os fatores que ajudam a transformar aquela substância material no efeito. Por exemplo, no caso de um broto de planta, a água, a temperatura e os fertilizantes são causas contributivas. Uma coisa que devemos ressaltar é que as perspectivas apresentadas aqui são do ponto de vista do Budismo Mahayana, em particular do Prasangika Madhyamika. Em sua posição filosófica sobre o vazio, Shantideva partilha a opinião de Chandrakirti. Ambos concordam na interpretação da filosofia do vazio de Nagarjuna; aceitam os postulados filosóficos de Prasangika Madhyamika. Assim, quando falamos de coisas e eventos como sendo aparições ou semelhantes a ilusões, temos que compreender por essa perspectiva.

Uma questão surge aqui: se todas as coisas e eventos são como aparições, então por que devemos levá-los a sério? Por que devem nos afetar tanto? Shantideva responde da seguinte maneira: embora todas as coisas e eventos sejam como aparições, o agente ou sujeito que está passando pela experiência também é como uma aparição. Contudo, nossa experiência da dor e sofrimento, por mais que seja como uma aparição, é muito real. Nossa própria experiência afirma sua realidade — não vamos negar isso. Enfrentamos o problema, suportamos o sofrimento e em termos de realidade e objetividade de sua existência, nossa experiência é o comprovante. Não há como negar isso. Portanto, como num sonho, um agente que é como uma aparição pode passar pelo sofrimento e dor, que também são como uma aparição. Mas não se pode ignorar os efeitos dessa realidade, porque nossa experiência afirma sua existência. Portanto, é verdade que, avaliando a natureza da aparição de coisas e eventos, podemos lidar melhor com o problema.

Os versículos seguintes dizem:

(32) — (Se tudo é irreal como uma aparição) então quem pode
conter (a raiva)?
Sem dúvida a contenção (neste caso) seria imprópria.
Mas não seria imprópria porque devo insistir
(convencionalmente)
Que na dependência de conter (a raiva) o fluxo de sofrimento
é interrompido.

(33) Assim, quando um inimigo humano ou até um amigo
Cometer uma ação imprópria,
Pensarei que tais coisas derivam de condições
E me manterei num plano mental feliz.

A filosofia do vazio é apresenta de forma ampla no nono capítulo de Shantideva.

Meditação

Vamos fazer uma meditação com alguma visualização. Imagine uma situação em que alguém que você conhece, alguém que é muito próximo ou querido, perde o controle, num relacionamento amargurado, ou em circunstâncias em que alguma outra coisa está acontecendo. Essa pessoa apresenta todos os sinais de que se encontra num estado intenso de raiva ou ódio, perde todo o controle mental, cria "vibrações" muito negativas, chega ao ponto de fazer mal a si mesmo, quebrando coisas. Reflita sobre os efeitos imediatos dessa raiva ou ódio. O motivo pelo qual acho que devemos visualizar isso acontecendo com outros é por ser mais fácil perceber os defeitos dos outros do que os nossos. Visualize a cena. Veja até mesmo a transformação física que ocorre com a pessoa. Essa pessoa de quem você é íntimo, essa pessoa de quem você gosta, cuja visão sempre lhe proporcionava prazer no passado, agora se transforma numa pessoa feia, até mesmo em termos físicos. Esta é uma espécie de meditação analítica. Portanto, faça a visualização e meditação por alguns minutos, usando sua imaginação. Ao final, relacione com sua experiência pessoal. Depois, decida: "Nunca mais me deixarei dominar por tanta raiva e ódio. Porque se fizer isso, também ficarei na mesma posição e sofrerei todas as conseqüências: a perda da paz de espírito, a perda da compostura, a assunção de uma horrível aparência física e assim por diante." Tome essa decisão e depois permaneça num estado de meditação absortiva.

Portanto, a primeira parte é uma meditação analítica, enquanto a segunda é uma meditação absortiva.

Se a pessoa é capaz de usar a imaginação para essa prática de visualização, isso pode ser um instrumento muito eficaz e poderoso. Em nossa vida cotidiana estamos expostos a muitos eventos e situações, como televisão, cinema e assim por diante, em que há cenas de violência e sexo, mas é possível vê-las com uma preocupação fundamental com os efeitos dos extremos. Em vez de se sentir totalmente oprimido pelas cenas, considere-as como uma espécie de indicador, algo com que você pode aprender lições. Um dos mestres Kadampa do Tibet, Potowa, disse que para um meditador que possui um certo grau de compreensão e estabilidade interior, cada experiência torna-se um ensinamento; cada evento, cada experiência a que a pessoa é exposta, passa a ser um momento de aprendizado. Acho que é a pura verdade.

Perguntas

P: *Sua Santidade, como podemos equilibrar nossa preocupação pelos interesses dos outros com a necessidade de cultivar nossas qualidades interiores?*

R: Em termos de seqüência, é preciso cuidar primeiro do desenvolvimento interior. Esse é também o princípio por trás do método de *Lam Rim* dos três objetivos, ou três capacidades. Nesse método, a prática é graduada em três estágios, de acordo com a motivação da pessoa. Cada estágio corresponde a uma etapa específica no desenvolvimento espiritual da pessoa. Até o próprio Buda, quando ofereceu ensinamentos públicos ou sermões, não começou com os ensinamentos sobre o bodhichitta. Em vez disso, começou pelas Quatro Nobres Verdades. Quando fez a segunda oração pública, ou o giro da roda do Dharma, é que falou amplamente sobre bodhichitta. Em relação à segunda e terceira orações públicas, não há registro histórico de um evento cronológico; é possível que esses ensinamentos tenham sido oferecidos a uma audiência de uns poucos eleitos.

P: *Todos os nossos vícios são apenas hábitos mentais, sendo eliminados pela aplicação do antídoto para cada um, ou isso é apenas o aspecto do método e deve ser usado em conjunto com a descoberta do vazio inerente da existência?*

R: Quanto à primeira parte de sua pergunta, se examinarmos a natureza de nossas aflições mentais em seu estado atual, vamos constatar que todos esses estados cognitivos e emocionais são os resultados ou produtos de sua situação anterior. Há uma espécie de continuidade. Portanto, pode-se dizer que são produtos do condicionamento. Do ponto de vista budista, esse fator de condicionamento deve ser compreendido não apenas dentro de uma única vida, mas também deve ser traçado em vidas anteriores; isto é, a teoria do renascimento tem de ser levada em consideração. Contudo, o condicionamento externo ou circunstancial também faria diferença na intensidade e no grau da emoção aflitiva específica. Por exemplo, descobrimos que até dentro da mesma família, filhos diferentes dos mesmos pais têm tendências naturais diversas, que são produtos de seu karma anterior. À medida que crescem, em decorrência do condicionamento e de circunstâncias externas, certos tipos de emoções se tornarão mais fortes e outros mais fracos e assim por diante. Portanto, embora as aflições emocionais sejam os resultados de condicionamentos de vidas anteriores e de exemplos anteriores, há também um aspecto de condicionamento imediato ou circunstancial.

Quanto à parte da origem de nossas aflições mentais, do ponto de vista budista, temos de aceitar a explicação de Buda, em termos da ausência de princípio da consciência. Quando me refiro a isso, não creio pessoalmente que haja uma possibilidade de uma razão ou argumento afirmativo. Embora se possa explicar com base no contínuo substancial da consciência, não creio que se possa obter uma prova cem por cento afirmativa, no sentido de uma dedução lógica. Contudo, o argumento mais forte é o de que se adotarmos uma posição contrária, de que há um início, então temos de aceitar que também há um criador externo, um agente, o que também leva a problemas, ou temos de aceitar algum tipo de evento sem causa, um evento que não tem causa nem condições. Mais uma vez, isso é inconsistente, não tem qualquer coerência lógica.

Portanto, diante da opção, a posição de que o contínuo da consciência não tem começo, parece ter menos contradições, menos incoerências lógicas. É com base nisso que teremos de aceitar também a origem de nossas tendências negativas. Não podemos determinar um princípio para esses hábitos ou tendências.

Contudo, é também possível que algumas pessoas tenham uma faculdade espiritual tão elevada ou uma consciência tão aguçada que lhes permita olhar em suas vidas passadas, não necessariamente até o tempo sem princípio, mas por várias vidas. Isso é possível.

Sobre a segunda parte da pergunta, parece haver um consenso entre todas as tradições budistas de que é necessária a aplicação da sabedoria para a eliminação das emoções aflitivas; mais do que isso, é indispensável. Por exemplo, mesmo da perspectiva de uma tradição que não endossa a filosofia do vazio, ou a ausência de identidade dos fenômenos, a meditação sobre o amor e a compaixão pode atuar como um antídoto direto contra a raiva e o ódio. Isso, porém, não os erradicaria por completo. Para tanto, é preciso empregar a faculdade da sabedoria, uma compreensão da ausência de identidade da pessoa, ou ausência do ego. O consenso entre todas as tradições budistas parece ser o de que há uma necessidade de se aplicar o fator de sabedoria, a fim de se extirpar essas tendências negativas. Nas tradições do Budismo Mahayana, isso é muito claro. Tanto na escola Yogachara ("Mente Sozinha") quanto na escola Madhyamika ("Caminho do Meio"), a erradicação de ambas as obstruções, isto é, aflições da mente e obstáculos ao conhecimento, só pode ser alcançada através da geração de percepção sobre a natureza do vazio, ou ausência do ego.

Portanto, a percepção sobre a ausência do ego é vista como o antídoto direto para as ilusões, ou emoções aflitivas e eventos cognitivos, enquanto a percepção sobre a natureza suprema da realidade, ou o supremo vazio dos fenômenos, é vista como o antídoto direto que extinguiria as marcas e as potências residuais implantadas na psique pelas ilusões.

Contudo, segundo a escola Prasangika Madhyamika, a ausência de identidade das pessoas e a ausência de identidade dos fenômenos são compreendidas apenas em relação ao sujeito ou objeto que qualificam; não há diferença em termos de sua negação. Mais uma vez, é apenas por adquirir percepção sobre a natureza do vazio que se pode cortar a raiz de emoções e pensamentos aflitivos.

P: *De que maneiras as imagens em sonhos proporcionam significado e iluminação à nossa consciência desperta?*

R: Em relação aos sonhos comuns, de um modo geral, eles são vistos como um exemplo de algo irreal. Assim, não creio que haja qualquer necessidade de levá-los a sério. É verdade que muitos pensadores, como Jung e Freud, levaram os sonhos muito a sério.

Seja como for, não se pode descartar por completo os sonhos de uma pessoa. É possível que, em alguns casos, em decorrência da acumulação de vários fatores, possa haver indicações significativas em sonhos. Alguns sonhos podem até ter grande significado. Portanto, não se pode descartar todos os sonhos.

Quanto aos detalhes ou técnicas específicas para que a pessoa tenha sonhos significativos, pode-se encontrar indicações nas práticas do tantra, em particular da Ioga Tantra Superior. Mas a razão para que haja essa ênfase na prática iogue do sonho, a prática associada com sonhos na Ioga Tantra Superior, é o fato de que a aplicação de certas técnicas em estados de sonho pode ter um impacto considerável nas práticas da pessoa em estado de vigília. Esse é o motivo principal. Outro motivo é o fato de que o estado de sonho permite a oportunidade, se você usar as técnicas de maneira apropriada, de separar seu corpo sutil dos níveis brutos da existência corporal.

P: *Como a raiva e outras emoções negativas derivam de causas e condições, não sendo geradas sob o nosso controle direto, como podemos gerar diretamente intenções para a prática do amor, da bondade e outros estados positivos?*

R: Uma analogia para essa questão é o fato de que a ignorância é bastante natural. Quando pequenos, somos bastante ignorantes. Depois, com a educação e o aprendizado, adquirimos conhecimento e dissipamos a ignorância. Por outro lado, se nos permitirmos permanecer num estado ignorante, sem desenvolver conscientemente o aprendizado, não seremos capazes de dissipar a ignorância. Neste caso, quando falamos sobre ignorância, não estamos nos referindo ao senso budista técnico, mas sim a um estado de carência de conhecimento. Portanto, se continuarmos num estado natural, sem qualquer esforço para superá-lo, então os fatores ou forças oponentes não surgirão com naturalidade.

Da mesma forma, no caso da raiva e do ódio, embora surjam naturalmente, precisamos, para dissipá-los ou superá-los, tomar uma decisão consciente e deliberadamente cultivar os antídotos, como amor e compaixão. Porque ganhamos com esse esforço, devemos nos empenhar.

Na terminologia budista, o nirvana, isto é, a liberação ou liberdade, é muitas vezes descrito como "o outro lado", ou "o além", enquanto nosso estado de samsara sem luz é o "aqui e agora". Há também um senso de que as pessoas não-iluminada só podem ver seu ambiente imediato; só podem ver o que é óbvio. Está implícito que muitas das tendências negativas, estados ilusórios da mente, aflições emocionais, pensamentos perniciosos e assim por diante, que são as causas do nosso sofrimento, só existem no samsara, pertencem, de certa forma, a "este lado" e, por isso, vêm naturalmente. Por outro lado, a maioria das qualidades positivas, que precisam ser geradas, pertencem ao "outro lado", "o além", o lado da liberação e da liberdade, o nirvana. Portanto, a menos que as desenvolvamos conscientemente, essas qualidades não surgirão de forma espontânea.

Se formos bem-sucedidos em "ir além", poderemos adotar uma perspectiva de que muitas tendências negativas, os estados ilusórios da mente e assim por diante, tornar-se-ão o "outro lado".

P: *Se o ódio vem, em parte, de um sentimento de ter sido enganado ou magoado, não é menos ruim, menos negativo, do que fazer o mal friamente? Ou há sempre ódio por trás do mal, como acontece com o mal que foi causado ao povo tibetano?*

R: É uma pergunta bastante complicada.

A primeira parte é muito complexa. Creio que é preciso distinguir entre muitas situações diferentes.

Alguns males podem ser infligidos sem qualquer senso particular de ódio, mas apenas por ignorância. Por exemplo, comemos muito peixe. E quando pescamos, não há sentimento do peixe como um ser vivo ou senciente. Mas não há ódio. Matamos por ignorância.

Mas há outro tipo de matar, como a caça por prazer. Mais uma vez, não há ódio. Creio que é também, em grande parte, por ignorância. Talvez envolva também a ganância. Mas há outros casos, em que matar ou caçar são uma questão de sobrevivência. Portanto, são muitas as diferenças.

Penso no extermínio dos judeus pelos nazistas, no massacre de outras pessoas nos campos de concentração. É diferente. É possível, até mesmo em casos tão extremos, que possa haver algumas pessoas envolvidas que não têm um sentimento pessoal de ódio. Por causa dessa complexidade, da natureza complexa das ações humanas, a doutrina budista do karma faz distinções entre as quatro categorias principais da ação: as ações que, embora cometidas, são num certo sentido sem motivo; as ações que foram cometidas apenas por uma motivação, mas não chegaram a ser plenamente executadas; as ações que tiveram motivação e execução completa; e aquelas que não foram motivadas nem executadas. Há também o que se pode chamar de "morte misericordiosa". Assim, entre a morte motivada pela ignorância e a morte motivada pelo ódio, eu diria que a morte motivada pelo ódio é mais grave e mais negativa.

Mesmo para uma ação determinada, um ato de matar, por exemplo, pode haver graus diferentes de karma negativo acumulado pela pessoa, dependendo de vários fatores, que são completos ou incompletos. Por exemplo, você pode ter um ato de matar específico em que a pessoa tem um forte desejo de matar, uma emoção negativa muito forte e, até mesmo, um método de matar bastante cruel. Se o ato de matar é motivado pelo ódio, então é claro que os métodos seriam muito cruéis. Na conclusão do ato, o matador poderia experimentar algum senso de satisfação pelo que fez. Neste caso, o karma negativo acumulado é considerado o mais grave. Mas há casos em que a emoção é menos forte no momento da motivação, em que os métodos usados para matar são menos cruéis. A pessoa pode até se arrepender depois que o ato foi cometido. Nessas circunstâncias, o karma negativo acumulado é considerado relativamente menor.

Além disso, dentro do tipo de matar que é cometido através do ódio, pode haver vários graus de ódio. O ódio pode ser muito sutil. Além disso, se o assassinato é planejado por muitos anos, não há mais raiva quando ocorre. Mas não se pode dizer que nesse caso não há ódio. O ódio persiste lá no fundo. Contudo, no instante em que a ação é cometida, não há uma emoção forte.

Há um ditado tibetano de que quanto mais uma pessoa é sofisticada, mais hábil pode ser para esconder seu sentimento de ódio. Portanto, quanto mais raiva tem uma pessoa, quanto mais ódio, mais gentil pode parecer. Não sei se isso deve ou não ser considerado.

P: *Poderia falar mais sobre o propósito da vida, por favor? Parece frívolo que o propósito da vida seja a alegria e a felicidade. São muitas as necessidades que precisam ser atendidas e estão muito distantes da tranqüilidade e da felicidade. Parece egoísmo ser feliz quando há muita tristeza ao redor.*

R: Creio que o propósito da vida é a felicidade. E o que é felicidade? Há muitos níveis. A felicidade mais alta é o estado búdico. O estado de felicidade seguinte é o nirvana, ser um Arhat no nirvana. É claro que esse estado não proporciona uma satisfação total, pois ainda há alguns defeitos na mente, mas não há mais qualquer sofrimento em decorrência da ignorância. Portanto, é também um estado mental feliz. Depois, pensar sobre a vida seguinte e um bom nascimento é também definido como felicidade.

Mas nos reinos inferiores há mais sofrimento. Por causa disso, um renascimento num reino inferior não é desejável. Tentamos sempre um nascimento superior. Por quê? Porque encontramos mais felicidade.

Dentro da própria vida, acho que a própria existência cotidiana é repleta de esperança, embora não haja garantia do futuro. Não há garantia de que amanhã, a esta hora, ainda estaremos todos aqui. Apesar disso, trabalhamos todos com base nessa esperança. Portanto, por esses motivos, creio que a vida é felicidade; essa é a minha convicção. Não é necessariamente um sentimento egoísta. É para servir aos outros, não para criar sofrimentos. Servir significa não apenas a própria pessoa desfrutar da felicidade, mas também ajudar as outras pessoas, os outros seres sencientes, a terem mais felicidade. Creio que é toda a felicidade, a base de tudo. A felicidade não é nada simples.

P: *Por favor, explique como a inteligência é um fator complementar da paciência.*

R: Quando passamos por muitas das técnicas descritas no texto, precisamos usar muito raciocínio ou análise. É o que se quer dizer com a inteligência sendo um fator complementar. Num nível elevado, a percepção da sabedoria pode ser de muitos tipos diferentes. Num nível espiritual superior, o fator complementar da sabedoria pode ser o de percepção da natureza dinâmica e mutável dos fenômenos, ou a percepção da suprema natureza da realidade e assim por diante. Podem servir como fatores complementares para a prática da paciência.

P: *Qual é a posição budista sobre o aborto?*

R: Em relação ao controle da natalidade, os budistas, de um modo geral, acreditam que a vida humana é preciosa, mesmo quando há muitas pessoas que são desordeiras. Portanto, não é aconselhável controlar essa vida tão preciosa. Contudo, há hoje em dia vidas preciosas demais... mais de cinco bilhões. Essa é a realidade. Há também outra dimensão para a pergunta. A distância econômica global entre os "nortistas" e os "sulistas" não apenas é um erro moral, como também um erro prático. Se continuar, pode ser uma fonte de problemas. Por causa da distância econômica, muitos refugiados estão indo para as nações industrializadas. Isso também cria inúmeros problemas, em particular na Europa. Nos Estados Unidos, pode haver menos problemas, porque é um vasto território. Mas tem muitos crimes. Portanto, precisamos envidar todos os esforços para diminuir essa distância. Segundo os especialistas, os recursos naturais existentes não podem proporcionar aos sulistas o mesmo padrão de vida que os nortistas já desfrutam, mesmo com a população atual de cinco bilhões. Assim, toda a população humana defronta-se agora com um problema. Logicamente, temos de pensar muito a sério no controle da natalidade.

Em termos gerais, o aborto é negativo, por ser um ato de matar. Li outro dia sobre os direitos humanos dos fetos. O que é muito verdadeiro do ponto de vista budista, porque o feto por nascer também é considerado um ser vivo, um ser senciente.

Por exemplo, um dos preceitos básicos dos votos de um monge ou monja ordenado é o de não matar outro ser humano. Se um monge ordenado mata um feto por nascer, isso constitui uma violação do seu voto básico. Mas, por outro lado, a visão budista básica é a de que o mais importante é julgar de acordo com as circunstâncias. Você pode ter uma generalização, mas sempre haverá casos excepcionais, que incluem até a morte misericordiosa. É claro que, em termos gerais, o aborto deve ser evitado. Em certas circunstâncias, no entanto, o aborto pode ser uma opção compreensível. Por exemplo, se a vida da mãe e da criança corressem algum grave risco. Ou se houvesse graves conseqüências negativas para a família.

Na questão da eutanásia, do ponto de vista budista, se o fato de se manter um paciente vivo por mais tempo for muito dispendioso, se causar dificuldades para o resto da família, se não houver esperança de que o paciente saia do estado de coma, permanecendo sem funções cerebrais, então pode ser aceitável. Claro que se a família tiver bastante dinheiro e quiser manter o paciente vivo, é um direito seu. Mas se as circunstâncias criarem muitos problemas, então a eutanásia, em casos excepcionais, pode ser possível. Mas temos de julgar caso a caso — esse é o método geral dos budistas.

SEGUNDA SESSÃO

(34) Se as coisas acontecessem por opção,
Como não há ninguém que queira sofrer,
O sofrimento não ocorreria
Para qualquer criatura encarnada.

(35) Por não serem cuidadosas,
Pessoas fazem mal a si mesmas, com espinhos e outras coisas,
E para conquistar mulheres e coisas assim
Elas se tornam obcecadas e se privam de comida.

Nos versículos 34 e 35, Shantideva explica outra maneira de lidar com o mal, através do desenvolvimento de um senso de indiferença em relação ao autor do crime ou agressor. Ele sugere que, em muitos casos, o exame cuidadoso da situação vai revelar que muitas dessas ações são cometidas por ignorância ou negligência, ou que não há muita opção por parte da outra pessoa. Se não fosse assim, por que as pessoas também causariam mal a si mesmas de vez em quando? Portanto, se alguém estudar a situação com toda atenção, vai constatar que muitos casos perniciosos são causados não por intenção maldosa, mas por negligência ou falta de sensibilidade.

(36) E há alguns que ferem a si mesmos
Por feitos nada meritórios
De se enforcarem, saltarem de penhascos,
Ingerirem veneno e alimentos estragados.

(37) Se, sob a influência de concepções perturbadoras,
As pessoas podem até matar seus eus mais prezados,
Como se pode esperar que não causem mal
Aos corpos de outros seres vivos?

No versículo 37, Shantideva declara que se é possível para as pessoas causarem mal a si mesmas por ignorância ou negligência, então é possível que inflijam mal aos outros da mesma maneira. Se estão dispostas a infligir mal a si mesmas, podem muito bem infligir mal a outras pessoas também.

(38) Mesmo que eu não sinta compaixão por pessoas assim,
Que através de concepções perturbadoras
Empenham-se em tentar me matar e coisas assim,
A última coisa a fazer é ter raiva delas.

No versículo 38, ele sugere que, em relação às pessoas que cometem atos perniciosos contra si mesmas e contra os outros, a atitude apropriada não é sentir raiva ou ódio, mas sim desenvolver um sentimento de compaixão.

(39) Mesmo que fosse da natureza dos infantis
Causar mal a outros seres,
Ainda assim seria incorreto sentir raiva deles,
Pois seria como se ressentir do fogo por ter a natureza
de queimar.

(40) E mesmo que a falta fosse temporária,
Naqueles que são por natureza confiáveis,
Ainda assim seria incorreto ter raiva,
Pois seria como se ressentir do espaço por deixar a fumaça subir.

Nos versículos seguintes, Shantideva apresenta meios pelos quais podemos evitar as causas que normalmente dão origem à raiva dentro de nós. Ele declara que infligir mal aos outros é, de certa forma, uma parte inalienável da natureza de uma pessoa; portanto, não há sentido em acalentar ressentimento por causa disso. Afinal, essa pessoa não pode evitar. Fazer mal aos outros faz parte da natureza essencial dessa pessoa. Por outro lado, se não for sua natureza essencial, mas sim alguma espécie de fenômeno circunstancial, então, quando a pessoa tem um acesso de raiva é porque se encontra sob a influência de uma condição circunstancial; portanto, não há sentido em acalentar ressentimento contra ela.

No primeiro caso, é análogo a se ressentir do fogo porque este queima; a capacidade de queimar é parte da natureza essencial do fogo. É inútil se ressentir do fogo por ter essa natureza. No segundo caso, se alguém se ressente de seres sencientes que se encontram sob a influência de uma condição circunstancial, é bastante similar a alguém que se ressente das nuvens que cobrem o céu. Não é a natureza essencial do céu ficar nublado, mas através de condições circunstanciais, às vezes o céu fica coberto pelas nuvens.

(41) Se eu sentir raiva de quem maneja,
Embora na verdade seja o porrete que me acerta,
Então, por ser ele secundário, incitado pelo ódio,
Devo no fundo sentir raiva é do ódio.

No versículo 41, Shantideva ressalta outro método para tentar evitar a manifestação da raiva ou desarmar sua força: o exame dos fatores imediatos e de longo prazo que deram origem ao ato pernicioso específico. Por outro lado, podemos dizer que se deve ter raiva do fator que causa diretamente a dor. Se, por exemplo, alguém acerta outra pessoa com um porrete, então é contra o porrete que se deve dirigir a raiva. Podemos também dizer que se deve ter raiva da raiz ou causa latente que dá origem ao ato. Neste caso, como o fator motivador é o ódio, é preciso dirigir a raiva contra o ódio. Então por que selecionamos o intermediário entre a causa direta do mal que sofremos, que é o porrete, e a causa indireta, latente, que é o ódio? Deixamos esses dois de lados e optamos pelo intermediário, a pessoa, contra a qual dirigimos toda a nossa raiva. Shantideva questiona toda a lógica dessa atitude.

(42) Antes devo ter causado mal similar
A outros seres sencientes.
Portanto, é certo que esse mal se volte contra mim,
Que fui a causa de tanto mal para os outros.

No versículo 42, ele analisa a possibilidade de outra consideração ou reflexão sobre o mesmo ato, que é o mal causado por alguém que nos acerta com um porrete. Ele ressalta que, como todas as nossas experiências dolorosas são conseqüências de nossos próprios feitos negativos cometidos no passado, se alguém tiver de ser responsabilizado por todos os fatores que deram origem ao mal, então a pessoa deve incluir a si mesma, porque foi em decorrência de feitos kármicos que se sofreu a injúria.

(43) Tanto a arma quanto meu corpo
São as causas do meu sofrimento.
Como ele deu origem à arma e eu ao corpo,
Contra quem devo sentir raiva?

No versículo 43, Shantideva observa que experimenta a dor através de uma combinação de vários fatores e condições. Por acaso, no caso de alguém nos atingir com uma arma, os fatores contributivos são a arma, manejada por outra pessoa, e nosso próprio corpo, porque a natureza do corpo é que tem a capacidade de sentir dor. Sem o corpo como uma base, a experiência da dor não poderia ocorrer. Portanto, como a arma do outro e o meu próprio corpo em combinação criam meu sofrimento, por que devo distinguir apenas um dos fatores como o alvo da minha raiva?

Por exemplo, se você souber que alguém fala mal de você pelas costas, e reagir a esse negativismo com um sentimento de raiva ou mágoa, então você destruirá sua própria paz de espírito. A angústia de uma pessoa é sua própria criação. Há um ditado tibetano segundo o qual se deve tratar essas coisas como se fossem o vento por trás do ouvido. Em outras palavras, não dê importância. Se fizesse isso, a pessoa se protegeria do sentimento de mágoa e agonia. Isso demonstra até que ponto o sofrimento da pessoa depende da maneira como ela reage a uma determinada situação. O que faz diferença é o fato de a pessoa ser ou não muito sensível e levar as coisas muito a sério.

Assim, do ponto de vista budista, às vezes somos sensíveis demais a pequenas coisas em nossa vida cotidiana. Ao mesmo tempo, em relação a outros problemas maiores, que podem acarretar conseqüências a longo prazo, não somos tão sensíveis. Por causa disso, descobrimos nas escrituras que as pessoas comuns como nós são descritas como infantis. Na verdade, o termo *jhipa* (em tibetano, *byis pa*), ou infantil, é usado de maneiras diferentes: às vezes é usado em termos de idade, que é o uso convencional; às vezes é usado para designar os seres sencientes comuns, em oposição aos Arya, os seres superiores. Às vezes, é usado também para descrever pessoas que estão preocupadas apenas com os assuntos desta vida, sem interesse ou consideração pelos assuntos da vida futura, ou da vida depois da morte. Assim, a tendência de nossa natureza infantil é levar as pequenas coisas muito a sério e se ofender com facilidade; por outro lado, quando confrontados com situações que têm conseqüências a longo prazo, tendemos a levar as coisas menos a sério.

(44) Se em cega ligação eu me apego,
A este abscesso de sofrimento de uma forma humana,
Que não suporta ser magoada,
De quem devo ter raiva quando dói?

No versículo 44, Shantideva ressalta que enquanto tivermos esse conjunto, o composto mente-corpo, que é um produto de nosso karma e de nossas ilusões, sempre estaremos propensos à dor, sofrimento e insatisfação.

(45) É culpa dos infantis serem magoados.
Pois embora nunca desejem sofrer,
Apegam-se demais às causas do sofrimento.
Então por que devem ter raiva dos outros?

(46) Como os guardiões dos mundos infernais
E a floresta das folhas afiadas como navalhas,
Assim é (o sofrimento) produzido por minhas ações;
De quem, portanto, devo sentir raiva?

No versículo 45, Shantideva declara que muito de nossa dor e sofrimento é causado por essa natureza infantil, que nos faz levar muito a sério as pequenas coisas e permanecer indiferente às preocupações que têm implicações e conseqüências a longo prazo. Portanto, já que nossa dor e sofrimento é, na verdade, uma obra nossa, por que devemos responsabilizar os outros?

Por exemplo, depois da Guerra do Golfo, muitas pessoas atribuíram a culpa pelo conflito a Saddam Hussein. Com base nesse mesmo conceito, eu disse em diversas ocasiões: "Isso não é justo." Em tais circunstâncias, não posso deixar de sentir simpatia por Saddam Hussein. É claro que ele é um ditador, que há muitas outras coisas ruins no Iraque, mas, sem equipamentos militares, um exército não pode causar mal. E todos aqueles equipamentos não foram produzidos por eles. Quando examinamos o caso por essa perspectiva, há muitas outras nações envolvidas. Mas nossa tendência normal é tentar atribuir a culpa ao outro, a um fator externo. Essa tendência é focalizar uma única causa e depois tentar se eximir de toda e qualquer responsabilidade.

Creio que essa prática mental é tentar ver as coisas de uma maneira holística. Há muitos eventos envolvidos. Não podemos atribuir a responsabilidade pelo que aconteceu exclusivamente a uma pessoa. Como outro exemplo, considerem nosso problema com os chineses. Creio que houve muitas contribuições do lado tibetano que levaram a essa trágica situação. Talvez nossa geração tenha dado alguma contribuição, mas, sem dúvida, as gerações anteriores contribuíram. Portanto, não é justo atribuir toda a culpa à China.

Portanto, se examinarmos qualquer situação determinada de uma maneira objetiva e honesta, e também de uma perspectiva ampla, vamos compreender que, em grande parte, também somos responsáveis pelo desenrolar dos acontecimentos.

(47) Movido por minhas próprias ações,
Aqueles que me causam mal tomaram forma.
Se por essas (ações) devem cair no inferno,
Não sou eu quem os está destruindo?

No versículo 47, Shantideva ressalta que é nosso karma negativo e os feitos cometidos no passado que levaram a outra pessoa a nos infligir o mal. Além disso, por causa desse ato negativo, a pessoa cria um karma negativo. Portando, num certo sentido, estamos causando a desgraça da outra pessoa, porque estamos forçando-a, através de nosso karma, a ser a autora de um crime, a agressora, criando um karma negativo.

(48) Por causa deles eu purifico muitos males,
Pela aceitação paciente dos males que me causam.
Mas por minha causa eles haverão de cair
No sofrimento infernal por muito tempo.

(49) Já que estou causando mal a eles,
Enquanto eles me beneficiam,
Por que, mente indisciplinada, sentir raiva
De uma maneira tão equivocada?

Nos versículos 48 e 49, Shantideva observa que sob um ponto de vista, como foi indicado antes, quando a outra pessoa nos inflige mal, ela está acumulando um karma negativo. Contudo, ao examinarmos bem a situação, perceberemos que, por causa desse ato, temos a oportunidade de praticar a paciência e a tolerância. Ou seja, do nosso ponto de vista, é um momento oportuno. Assim, devemos nos sentir gratos à pessoa que nos proporciona essa oportunidade. Por esse ângulo, o evento proporcionou à outra pessoa uma oportunidade de acumular karma negativo, mas também nos proporcionou a oportunidade de acumular um karma positivo, através da prática da paciência. Então, por que devemos reagir a isso de uma maneira totalmente pervertida, sentindo raiva quando alguém nos inflige o mal, em vez de ficarmos agradecidos pela oportunidade?

(50) Se minha mente possui a nobre qualidade (da paciência),
Não irei para o inferno,
Mas embora esteja me protegendo (dessa maneira),
Como será para os outros?

A esta altura, duas questões se destacam. Primeiro, já que proporciono à pessoa que me inflige mal a oportunidade de acumular um karma negativo, isso significa que também acumulo um karma negativo por estar causando a desgraça da outra pessoa? Shantideva responde que não, porque se você aproveita essa oportunidade para reagir de uma maneira positiva, praticando a paciência e a tolerância em vez de acumular karma negativo, estará acumulando virtudes, ou karma positivo.

Segundo, se ao me infligir o mal a outra pessoa me proporcionou a oportunidade de praticar a paciência e a tolerância, me permitindo assim acumular um karma virtuoso, isso significa que a pessoa que infligiu o mal também acumula um karma virtuoso? Shantideva sugere que não é o que acontece, porque o resultado, o karma virtuoso da prática da paciência e da tolerância, só será estabelecido na mente da pessoa que pratica a paciência e a tolerância.

(51) De qualquer forma, caso eu retribua o mal,
Nenhum dos dois vai se beneficiar.
Com isso minha conduta vai se deteriorar
E toda esta fortaleza será destruída.

Shantideva declara que se reagirmos ao mal que nos foi infligido pela retaliação contra a outra pessoa, então não apenas esse ato não será útil para ela — será pernicioso — como também será destrutivo para os nossos interesses. Isso acontece porque se um dos dois for praticante de bodhichitta, então vai deteriorar sua prática. Além disso, destruirá a fortaleza que foi acumulada com a prática da paciência e da tolerância. Portanto, é um comportamento destrutivo para o outro e para você.

Quando alguém nos inflige mal, se retaliamos e nos vingamos, em vez de reagir positivamente com paciência e tolerância, será instituído um círculo vicioso. Se um retalia, o outro não vai aceitar, poderá também retaliar, você fará a mesma coisa e assim por diante. Quando isso acontece no nível de comunidade, pode se prolongar de uma geração para outra, num círculo vicioso. O resultado é que os dois lados sofrem. Todo o propósito da vida é prejudicado. Por exemplo, nos campos de refugiados, o ódio cresce desde a infância e algumas pessoas consideram que o ódio é bom para o interesse nacional. Creio que isso é muito negativo, de uma miopia total.

Em nossa discussão anterior, falamos sobre a maneira apropriada de reagir ao mal físico infligido pelos outros e como se deve desenvolver a tolerância. Mas é importante não compreender errado, pensando que Shantideva está dizendo que devemos nos submeter e aceitar mansamente o que é feito contra nós.

Isso é relevante para um dos aspectos da prática budista que trata da generosidade. Sabemos que, de acordo com o ideal Bodhisattva, a generosidade deve ser tão desenvolvida que, se a situação exigir, o praticante é capaz de sacrificar seu próprio corpo. Contudo, nesse aspecto, a sensibilidade para o fator tempo é crucial. Não se deve efetuar essas práticas prematuramente, antes do desenvolvimento da força apropriada, da realização e assim por diante. Portanto, a sensibilidade para o momento conveniente é muito importante. Isso se relaciona com o que ressaltei antes: que por um propósito menor, não se deve ceder ou sacrificar alguma coisa que tenha um potencial superior. Se é esse o caso, então é claro que Shantideva não pode recomendar aos praticantes de bodhichitta que qualquer mal infligido, lesão física e assim por diante, sejam aceitos mansamente. Em vez disso, se necessário, o caminho melhor e mais sensato pode ser simplesmente o de fugir, correr por quilômetros e quilômetros!

A razão pela qual declaro que é importante ser sensível para o momento apropriado, dependendo do nível de realização pessoal, é porque encontramos nas escrituras histórias de grandes meditadores que cometeram esses sacrifícios. Por exemplo, em uma das vidas de Buda, nas histórias de *Jataka*, ele aceita de bom grado o mal físico que lhe é infligido, sujeitando seu corpo a ser cortado, mutilado e assim por diante. Ele não evitou tal situação; em vez disso, enfrentou-a. Esse tipo de prática pode ser adotado por pessoas que alcançaram um elevado nível de realização e sabem que com essa atitude podem alcançar um grande propósito.

Todos esses exemplos servem para demonstrar que, quando alguém se empenha na prática, é essencial ser capaz de avaliar as circunstâncias, as conseqüências a longo e a curto prazo, e os prós e os contras da situação.

De um modo geral, Vinaya, que é a categoria de escritura que lida com a ética e a disciplina monástica, tende a ser menos flexível em questões éticas do que a posição Mahayana. Mesmo nesse ponto, Buda ensinou sobre vários atos que seriam universalmente proibidos, mas depois apontou os casos excepcionais, sob novas circunstâncias, em que o mesmo ato poderia ser permitido. Ele também ensinou vários preceitos afirmativos universais que seus discípulos deveriam seguir. Depois, em determinadas circunstâncias, ele concedia as exceções para determinadas pessoas, ou para momentos específicos, quando não havia a necessidade de se cumprir o preceito. Portanto, mesmo da posição de Vinaya, em que há menos flexibilidade nessas questões, vamos encontrar de novo uma sensibilidade para o contexto, para a situação.

Temos tratado até aqui do mal em termos principalmente físicos, infligidos pelos outros contra uma pessoa, vendo como lidar com isso e como reagir da maneira apropriada. Nos versículos seguintes, Shantideva fala sobre o modo de lidar com tipos de injúria que não são físicos, como os sentimentos de mágoa causados por alguém que nos insulta ou nos menospreza.

(52) Como minha mente não é física,
Ninguém pode destruí-la,
Mas por estar ligada a meu corpo,
O sofrimento (físico) lhe causa o mal.

(53) Já que o desrespeito, a voz ríspida
E as palavras desagradáveis
Não causam qualquer mal a meu corpo,
Por que, mente, você sente tanta raiva?

Nos versículos 52 e 53, Shantideva nos lembra que a mente não é física e fala sobre o relacionamento entre a mente e o corpo. E indaga: no caso de alguém ser desrespeitoso, usar uma linguagem grosseira e insultuosa, já que isso não causa qualquer lesão física direta, por que a mente deve sentir tanta raiva?

(54) — Porque outros vão me antipatizar —
Mas já que isso não vai me destruir,
Nem nesta vida nem em outra vida,
Por que não quero (a antipatia)?

Aqui, Shantideva antecipa a defesa. Embora seja correto que insultos e desrespeito não causam qualquer mal físico direto, farão com que as pessoas não gostem de mim; portanto, devo sentir raiva. Shantideva argumenta que não é um motivo adequado para sentir raiva de tais atos. Afinal, mesmo que os outros tenham antipatia contra mim, isso não vai me acarretar uma queda grave, nem nesta vida, nem numa vida futura. Ao contrário, se a pessoa reage a esses atos com outros atos negativos, perdendo a calma e sentindo a raiva, então o resultado final será prejudicial. Essa reação destrói a paz e a serenidade da mente. Portanto, nós é que saímos perdendo.

Shantideva não sugere que devemos agir de uma maneira que ignore por completo as opiniões dos outros, ou que não devemos nos importar com o que as pessoas pensam a nosso respeito. Não se deve entender errado e pensar que Shantideva recomenda que ajamos dessa maneira. Ao contrário, encontramos no *Guia para o Modo de Vida do Bodhisattva* um versículo em que Shantideva declara que devemos aprender, sempre que nos mudamos para uma nova região ou para outra cidade, os costumes daquela comunidade em particular, a fim de viver ali de um modo que não ofenda as pessoas. Afinal, se é possível fazer os outros felizes, a melhor posição é a de satisfazê-los nesse ponto. É um dos princípios de um Bodhisattva. Portanto, não se pode cometer qualquer equívoco aqui, pensando que Shantideva recomenda a negligência com os outros. O que se diz deve ser avaliado em seu contexto; ou seja, a fim de evitar que aflore a raiva contra o insulto ou desrespeito de outra pessoa, deve-se pensar desse jeito. Mas é um contexto muito específico.

(55) — Porque isso vai prejudicar meus ganhos deste mundo —
Mesmo que eu não queira,
Deixarei meus ganhos deste mundo para trás
E só o mal que causei haverá de permanecer.

Neste versículo, Shantideva antecipa outra defesa: o argumento de que podemos nos sentir justificados na retaliação contra alguém que nos insulta, que fala mal de nós, ou que nos menospreza, porque essas atividades prejudicarão nossos ganhos, nossos sucessos e nossas realizações neste mundo. Se não retaliarmos contra esses atos, eles vão bloquear nossas realizações neste mundo. Shantideva diz que não é um motivo adequado para retaliar contra os insultos e os desrespeitos dos outros. Afinal, mesmo que esses atos dos outros prejudiquem nossos ganhos neste mundo, devemos lembrar que deixamos tudo isso para trás. São de benefício e uso apenas nesta vida. Quando morremos, ficam para trás; portanto, não têm grande importância. Ao reagir de forma negativa aos insultos e ao menosprezo dos outros, se a pessoa perde a calma, por exemplo, e age de uma forma negativa, vai acumular um karma negativo, que terá de carregar, mesmo em vidas futuras.

(56) Assim é melhor que eu morra hoje
Do que levar uma vida longa mas iníqua;
Pois mesmo que pessoas como eu tenham uma longa vida,
Haverá sempre o sofrimento da morte.

(57) Vamos supor que alguém deva despertar de um sonho
Em que experimentou cem anos de felicidade,
E vamos supor que outro deva despertar de um sonho
Em que experimentou apenas um momento de felicidade;

(58) Para essas duas pessoas que despertaram
Essa felicidade nunca mais voltará.
Da mesma forma, se minha vida foi longa ou curta,
No momento da morte vai acabar de modo igual.

(59) Embora eu possa viver feliz por um longo tempo,
Através da conquista de muita riqueza material,
Partirei de mãos vazias, em plena indigência,
Como se acabasse de ser roubado por um ladrão.

Nesses versículos, Shantideva ressalta que, em comparação com alguém que leva uma vida longa baseada em sucessos materiais adquiridos por meios errados, é melhor morrer hoje, porque mais cedo ou mais tarde a pessoa morrerá e as coisas que adquiriu ficarão para trás. Contudo, os frutos negativos das ações iníquas que foram cometidas serão levados para o futuro. De qualquer forma, o prazer ou a felicidade temporária que se pode obter ao se levar uma vida de sucesso material, através de meios iníquos ou de um modo de ganhar a vida errado, na ocasião da morte, por mais tempo que se tenha vivido, isso se torna apenas um ponto insignificante da memória, algo como um sonho passado. Não há diferença qualitativa entre isso e alguém que leva um tipo de vida feliz num único instante: depois que passam, são apenas como sonhos.

(60) — Com certeza a riqueza material me permitirá viver,
E depois poderei consumir o mal e fazer o bem —
Mas se eu sentir raiva por causa disso,
Meu mérito não será consumido e o mal aumentará?

(61) E que proveito terá a vida
De alguém que apenas comete o mal,
Se em nome do ganho material
Faz a vida degenerar?

Aqui, Shantideva antecipa outra reação, ao declarar o que alguém pode sentir: "Pela aquisição da riqueza material, não apenas levarei uma vida mais confortável, mas também terei a oportunidade de realizar muitos atos saudáveis, obtendo o mérito por isso. Por causa disso, estou justificado em retaliar contra qualquer ato cometido por outro que se interponha em meu empenho pela conquista da riqueza." Shantideva diz, mais uma vez, que essa não é uma base adequada para se comportar. Afinal, quando se compara a oportunidade de se acumular mérito através de ações saudáveis possibilitadas pela riqueza material, com o karma negativo que se cria pela retaliação contra quem nos insulta ou prejudica, não pode haver qualquer dúvida: as ações negativas superam, de longe, os poucos feitos saudáveis que a pessoa possa ter realizado. Portanto, não se pode justificar a retaliação contra alguém que nos insulta ou menospreza.

(62) — Sem dúvida que devo sentir raiva
De quem diz coisas desfavoráveis que enfraquecem
(a confiança) dos outros (em mim) —
Mas, do mesmo modo, por que não sinto raiva
De pessoas que dizem coisas desfavoráveis sobre os outros?

(63) Se posso aceitar pacientemente essa falta de confiança,
Porque se relaciona com outra pessoa,
Então por que não sou paciente com palavras desfavoráveis
(a meu respeito)
Já que se relacionam com concepções distorcidas?

Shantideva outra vez antecipa uma defesa: "Quando alguém me insulta, ou se mostra desrespeitoso, ou fala mal de mim, estou justificado a sentir raiva contra essa pessoa, porque isso fará com que os outros percam a confiança em mim."

Shantideva argumenta que se fosse isso mesmo, então por que alguém não sente também raiva de quem fala mal de uma terceira pessoa? Mas, neste caso, a reação costuma ser a seguinte: "Ora, quando alguém insulta uma terceira pessoa, isso nada tem a ver comigo."

Meditação

Para esta sessão, vamos fazer uma meditação visualizando alguém de quem você não gosta, alguém que o aborrece, causa-lhe muitos problemas, deixa-o nervoso. Imagine uma cena em que a pessoa irritante faz alguma coisa que o ofende ou o aborrece. Em sua imaginação, quando visualizar isso, deixe sua reação natural fluir. E depois verifique se isso faz com que os batimentos do seu coração acelerem. Observe seus sentimentos mentais e verifique se experimenta algum desconforto imediato, ou se sente ainda mais paz. Julgue e investigue por três ou quatro minutos. Depois, durante o último minuto, compreenda que não adianta deixar que a irritação se desenvolva: perdemos imediatamente a serenidade mental. Portanto, diga para si mesmo: "No futuro, nunca mais farei isso." Desenvolva a determinação e depois relaxe, numa meditação absortiva.

Perguntas

P: *Além de contemplar o próprio sofrimento, há outras técnicas ou antídotos para se cultivar, a fim de trabalhar o orgulho?*

R: Um antídoto é refletir sobre a diversidade de disciplinas. Segundo o budismo, um dos antídotos para o orgulho é refletir sobre as múltiplas categorias que se encontram nos sutras, os vários meios pelos quais se pode perceber a realidade e assim por diante. Outro exemplo é o moderno sistema educacional, em que há inúmeras disciplinas. Pensar nas muitas áreas do conhecimento em que se é ignorante pode ajudar a superar o orgulho.

P: *Que papel tem o perdão para aumentar a tolerância e paciência?*

R: O perdão é como um resultado final, ou um produto, da paciência e da tolerância. Quando se é realmente paciente e tolerante, o perdão vem naturalmente. Pois o relacionamento é estreito.

P: *Qual é a posição das mulheres no budismo? Todos ouvimos falar dos excessos, preconceitos e má conduta expressa com que as mulheres são tratadas no budismo e em outras religiões. Os textos budistas parecem falar de um ponto de vista masculino. As mulheres parecem ter um conjunto diferente de problemas sociais e físicos. Há diferentes práticas, textos etc., para mulheres leigas e monjas, a fim de nos ajudar nos aspectos mais difíceis do caminho? Como a vida de uma monja difere da vida de um monge?*

R: Porque muitos pundits indianos que citamos como autoridades, como fontes da literatura e pensamento budista no Tibet, eram praticantes masculinos, seus textos com freqüência refletem principalmente um ponto de vista masculino.

O segundo ponto que você levantou é um pouco mais complicado. Primeiro, segundo as regras de Vinaya, Buda concedeu oportunidades iguais a homens e mulheres. Na *Vinaya Sutra,* há disposições para a plena ordenação de homens e mulheres. Contudo, creio que, por causa de aspectos culturais, o *bhikshu* é considerado mais elevado e a *bhikshuni* vem em seguida. Portanto, por esse ângulo, há um elemento de discriminação.

Mas em todas as práticos dos votos Bodhisattva e tântrico, os praticantes masculinos e femininos são iguais. Há, no entanto, certos textos em que encontramos declarações de que um Bodhisattva no estágio final de plena iluminação tem necessariamente uma forma masculina.

Segundo a perspectiva da Tantra Ioga Superior, não apenas há oportunidades iguais no caminho, mas também qualquer praticante pode alcançar a plena iluminação, em forma masculina ou feminina. Portanto, não há distinção ou discriminação aqui. Contudo, parece evidente que na Tantra Ioga Superior dispensa-se uma atenção especial aos direitos das mulheres. Ao se ouvir os votos tântricos verifica-se que não abusar nem insultar as mulheres é um dos votos básicos. A razão para isso, em minha opinião, é o fato de haver algum preconceito contra as mulheres no nível social. Assim, há uma atenção especial à dignidade e aos direitos das mulheres. Na verdade, o praticante ideal da Tantra Ioga Superior deve se relacionar com as mulheres de uma maneira especial. Para um praticante das Tantras Mães, há uma ênfase especial: se não houver qualquer objeção específica, então é sugerido que o homem se prostre e preste homenagem sempre que encontrar uma mulher. Se não puder fazer isso por algum problema físico, deve prestar uma homenagem mentalmente.

Por outro lado, não abusar de um praticante masculino ou insultar um homem não é contado como um dos votos básicos. Isso indica que se dispensa uma atenção especial de acordo com o respeito que é devido. Portanto, creio que basicamente há oportunidades iguais. Contudo, por causa do sistema social, há o perigo de abuso ou de tratar uma mulher como inferior. Daí a ênfase especial, que eu acho que resolve o problema da igualdade. Se alguém considerar todo o método Bodhisattva, vai constatar que é bastante igual.

A Deusa Tara, eu acho, é uma das feministas mais influentes. A lenda de Tara demonstra que quando ela gerou a intenção altruísta de se tornar plenamente iluminada, em benefício dos outros, tomou uma decisão. Ao constatar que havia tantos Bodhisattvas que eram homens, que tantos Bodhisattvas no caminho eram homens e tantos os que alcançavam o estado búdico na forma masculina, ela decidiu não apenas gerar bodhichitta em sua atual forma de mulher, como também conservar a mesma forma no caminho e ainda quando se tornasse plenamente iluminada.

P: *Pode falar sobre o problema do auto-ódio e o meio budista para aliviá-lo?*

R: Quando ouvi pela primeira vez o termo "auto-ódio", quando fui exposto ao conceito, fiquei espantado e consternado. O motivo para que eu achasse tão inacreditável foi o fato de que os budistas praticantes empenham-se a fundo para superar a atitude egocêntrica, os pensamentos e os motivos egoístas. Por isso, era inacreditável a possibilidade de alguém odiar a si mesmo, não se apreciar. Do ponto de vista budista, o auto-ódio é muito perigoso, porque até mesmo ficar num estado mental desanimado, até mesmo a depressão, já é considerado um extremo. E porque o auto-ódio é muito mais extremado do que a depressão, torna-se bastante perigoso.

O antídoto pode ser encontrado em nossa natureza de Buda: a aceitação ou convicção de que cada ser senciente, em particular o ser humano, tem a natureza de Buda. Há um potencial para se tornar um Buda. Na verdade, Shantideva enfatiza esse ponto várias vezes no *Guia para o Modo de Vida do Bodhisattva*, onde declara que até mesmo os seres sencientes fracos, como moscas, abelhas e outros insetos, possuem a natureza de Buda; e se tomarem a iniciativa e seguirem o caminho, têm a capacidade de se tornarem plenamente iluminados. Se é esse o caso, então por que não eu, que sou um ser humano que possi a inteligência e todas as demais faculdades humanas, não posso me tornar plenamente iluminado também? Portanto, esse ponto é enfatizado. Em seu texto chamado *Sublime Contínuo,* Maitreya apresenta a visão budista da doutrina da natureza de Buda. Declara que não importa quão fraca, pobre ou despojada possa ser a situação atual de alguém, um ser senciente nunca perde sua natureza de Buda. A semente, o potencial para a perfeição e a plena iluminação sempre permanece.

Para pessoas que têm o problema do auto-ódio, ou auto-aversão, é aconselhável, por enquanto, não pensarem a sério sobre a natureza sofredora da existência, ou a natureza insatisfatória da existência. Em vez disso, devem se concentrar mais em aspectos positivos da existência, como reconhecer os potenciais que se encontram dentro delas como seres humanos e as oportunidades proporcionadas pela existência como um ser humano. Ao refletir sobre essas oportunidades e potenciais, a pessoa poderá aumentar seu senso de confiança e valor pessoal.

O importante aqui, mais uma vez, é um método hábil, o esquema mais apropriado às faculdades mentais, disposições e interesses da pessoa. Como uma analogia, vamos supor que alguém precise levar uma pessoa de uma cidade para uma outra bem distante. Se falar sobre as dificuldades, é possível que a pessoa se sinta totalmente desanimada, que perca a esperança e pense: "Jamais conseguirei chegar lá." Mas sempre se pode alcançar o propósito através de meios mais hábeis, levando a pessoa passo a passo. Primeiro, pode-se dizer: "Vamos para a outra cidade." Há também uma analogia com o nosso sistema educacional. O objetivo pode ser o de ir para a universidade e obter uma educação superior, mas não podemos partir desse ponto. Temos de começar no nível primário, na alfabetização, e seguir adiante. À medida que progride, a pessoa passa para o estágio seguinte, e para outro e mais outro. Dessa maneira, poderá alcançar o objetivo supremo. É o que também acontece na prática do Dharma. É muito importante adotar os métodos mais apropriados para as condições atuais. Por exemplo, pessoas diferentes têm temperamentos diferentes: algumas pessoas podem ser mais arrogantes e presunçosas, e devem adotar um caminho ou método que seja mais condizente com esse tipo de temperamento. Algumas pessoas podem ter desejo ou raiva mais forte, ou qualquer outra coisa; esse tipo de pessoa deve procurar uma técnica ou método mais apropriado para essa tendência. E algumas pessoas podem ter menos coragem e confiança em si mesmas, necessitando seguir um caminho de acordo. No texto de Aryadeva, chamado *Quatrocentos Versos*, ele fala sobre a melhor maneira de se levar um discípulo pelo caminho, de acordo com a disposição mental de cada um.

Há um precedente histórico aqui. Mo tempo de Buda houve um rei que cometeu o crime hediondo de assassinar seu pai. Mas ele ficou deprimido, desesperado por seu crime. Quando Buda o visitou, fez uma declaração em que dizia que os pais devem ser mortos. Mas o significado não era literal. Buda usava os pais como uma espécie de metáfora para o desejo e a afeição que levam ao renascimento. Porque o karma e o desejo se combinam para criar o renascimento, num certo sentido eles são como pais. Portanto, ao declarar que os pais devem ser mortos, ele quis dizer que o karma e o desejo devem ser eliminados.

É do ponto de vista da importância de ser sensível às necessidades dos praticantes individuais que se deve compreender os pronunciamentos de Buda em alguns dos sutras, nos quais ele parece, até mesmo, a aceitar a teoria de um eu, ou alma.

P: *O reconhecimento da natureza de samsara levará uma pessoa a desenvolver uma renúncia genuína. Como se pode reconhecer a natureza de samsara? É a quantidade de sofrimento que causa o desen-*

volvimento da renúncia, ou é o reconhecimento da natureza do sofrimento que causa o desenvolvimento da renúncia?

R: O reconhecimento do sofrimento apenas não garante que você vai gerar uma renúncia genuína. O que é necessário, além disso, é o reconhecimento da origem do sofrimento, como levou ao sofrimento. A combinação desses dois fatores, a compreensão do sofrimento e o reconhecimento da origem do sofrimento, levará a pessoa à renúncia.

Há três tipos de sofrimentos: o sofrimento óbvio, o sofrimento da mudança e o sofrimento do condicionamento difuso. O desejo de se livrar do sofrimento óbvio existe até nos animais, é instintivo. O que não se pode dizer da renúncia. Pode-se dizer que há uma tendência para a renúncia na busca da liberdade do sofrimento, mas não se trata de uma renúncia genuína.

Perceber o sofrimento da mudança como a natureza do sofrimento e desenvolver o desejo de se livrar disso é uma coisa que até mesmo os meditadores não-budistas, cuja preocupação primária é procurar um estado mental meditativo de total absorção, podem conseguir. Mas não é esse o significado da verdadeira renúncia no contexto budista. A verdadeira renúncia tem de ser desenvolvida em relação ao terceiro nível de sofrimento, em que se compreende a natureza insatisfatória básica da existência. Esse nível é conhecido como o sofrimento de condicionamento difuso. A pessoa está chegando na raiz quando desenvolve esse reconhecimento, pois baseia-se na compreensão de que a própria existência é um produto do karma e das ilusões.

Portanto, como eu ressaltei antes, a verdadeira renúncia deve ser um resultado de aceitar a natureza dinâmica e transitória de nossa existência. A natureza momentânea dos fenômenos indica a nossa falta de capacidade para suportar, a nossa falta de poder próprio, a nossa falta de uma situação independente. Essas coisas estão sob a influência de outros fatores. No caso de nossos compostos, os fatores que os regem são o karma e as ilusões. É a compreensão da negatividade dessas causas, a origem de nossos compostos, que revela a autêntica natureza insatisfatória e sofredora. Isso levará a um desejo genuíno de procurar a liberação desse tipo específico de existência. É essa a verdadeira renúncia. Mesmo aqui, creio que para se desenvolver uma renúncia genuína, é necessário que a pessoa tenha alguma noção da possibilidade de liberdade; em outras palavras, da possibilidade de alcançar o nirvana ou a liberação. Se não fosse assim, se a pessoa pudesse desenvolver a verdadeira renúncia apenas pela reflexão sobre a natureza do sofrimento, não haveria necessidade de Buda falar sobre as Quatro Nobres Verdades. Ele poderia simplesmente ter dispensado seus comentários. Contudo, quando falamos em reconhecer a natureza do sofrimento, precisamos ter em mente que é possível compreender a natureza de duas maneiras. Uma é da suprema perspectiva, quando falamos sobre o vazio, que é a suprema natureza da realidade ou sofrimento. Mas essa não é a noção a que nos referimos quando falamos sobre a natureza do sofrimento no contexto de geração de renúncia. Aqui, estamos usando os termos em seu sentido mais convencional.

P: *Se o objetivo é se livrar das emoções ou estar livre de emoções, como podemos sentir compaixão? A compaixão não é uma emoção?*

R: Você pode estar interessado em saber de uma conversa que tive com alguns cientistas. Falamos sobre a maneira como se poderia definir emoção. Ao final, todos concordamos que até mesmo no estágio conhecido como estado búdico podemos dizer que há emoções. Portanto, desse ponto de vista, pode-se dizer sem dúvida, que a compaixão também é uma emoção.

A emoção não é necessariamente uma coisa negativa. Dentro da emoção, temos a emoção construtiva e a emoção destrutiva. Portanto, o que devemos fazer é eliminar a emoção destrutiva.

P: *É possível para um cristão professo assumir também um voto budista? Sou um cristão devoto, até mesmo ordenado. Contudo, parece haver uma compatibilidade e congruência em minha compreensão do ensinamento de Jesus e o caminho da espiritualidade budista, que me permitiria assumir ambos, praticar tanto o budismo quanto o cristianismo, já que ambos apontam para a luz, o caminho da verdade, do amor e da liberdade. Um dos mestres em minha vida tem sido Thomas Merton, um sacerdote católico e um monge, praticante do budismo.*

R: É claro que há muitos elementos comuns entre todas as principais tradições religiosas do mundo. Por isso, creio que, no estágio inicial, uma pessoa pode praticar ao mesmo tempo o budismo e o cristianismo, e talvez algumas outras religiões também. Acho que isso é muito bom.

Mas a questão é quando se vai mais a fundo. Neste caso, é como na educação: quando uma pessoa se torna uma especialista, tem de escolher uma área determinada. Na prática avançada do budismo, quando se chega a um certo estágio, a compreensão do vazio é um dos aspectos fundamentais do caminho. O conceito de vazio e o conceito de um Criador absoluto, eu acho, são difíceis de conciliar. Para o praticante cristão, o Criador e a aceitação do Criador como todo-poderoso é um fator muito importante dentro da tradição a fim de desenvolver a autodisciplina, a compaixão ou o perdão, e para aumentá-los no relacionamento íntimo da pessoa com Deus. Isso é essencial. E quando Deus é visto como absoluto e todo-poderoso, o conceito de que tudo é relativo se torna um pouco difícil. Contudo, se a compreensão de Deus é em termos de uma suprema natureza da realidade, da suprema verdade, então é possível ter uma espécie de método unificado. Se tentarmos fazer uma nova interpretação, o conceito de Pai, Filho e Espírito Santo, eu acho, pode ser comparado a *sambhogakaya, nirmanakaya* e *dharmakaya*, os três *kayas*. Contudo, depois que se começa a interpretar a Trindade nesses termos, como a doutrina dos três *kayas*, torna-se bastante duvidoso se a prática permanece mesmo cristã.

Quanto à religião pessoal de alguém, acho que deve ser baseada em sua disposição mental. Isso é muito importante. Sempre digo às pessoas que, como monge budista, descubro que o budismo é o mais apropriado para mim. O que não significa que o budismo é o melhor para todos. Isso é evidente. Para outras pessoas, a tradição cristã, muçulmana ou judaica, uma tradição baseada na teoria do Criador, é mais eficaz, sem dúvida. Por isso, é muito importante seguir a religião de acordo com sua disposição mental.

Há outra coisa que sempre tento deixar bem claro: mudar de religião não é uma tarefa simples. Por exemplo, aqui no Ocidente, para a maioria de vocês, os antecedentes familiares, os antecedentes tradicionais, são cristãos. Por isso, quero avisar que mudar de religião é muito complicado e difícil. É claro que para os ateus verdadeiros não importa se você tem mais atração pelo budismo. Neste caso, você deve assumir o budismo como uma religião, porque é melhor do que permanecer ateu. Costumo chamar essas pessoas de "ateus extremos", porque, de um certo ponto de vista, o budismo é também uma espécie de ateísmo. Mas as pessoas que têm algum sentimento religioso, de acordo com suas tradições, devem tomar muito cuidado quando pensarem em qualquer mudança. De um modo geral, creio que é melhor praticar de acordo com seus antecedentes tradicionais. É claro que você sempre pode usar algumas técnicas budistas. Sem aceitar a teoria do renascimento ou a filosofia complicada, use apenas certas técnicas para aumentar seu poder de paciência e de compaixão, de perdão, essas coisas.

Além disso, creio que uma coisa importante é uma meditação ampla, em que há interesse por nossos irmãos e irmãs cristãos. Descobri na Igreja Ortodoxa Grega o que é chamado de "misticismo". Portanto, há coisas que se pode adotar. Afora isso, no entanto, se você mudar de religião às pressas, depois de algum tempo pode encontrar algumas dificuldades e alguma confusão. Por isso, seja muito cuidadoso. É importante lembrar que depois de mudar sua religião pessoal, há uma tendência natural, a fim de justificar a religião recém-adotada, a assumir uma posição crítica em relação à religião anterior. Isso é muito perigoso. Embora a religião anterior pudesse ser imprópria ou ineficaz para você, há milhões de pessoas que ainda podem se beneficiar dessa tradição. Devemos respeitar os direitos individuais dos outros. Se é a crença deles, se milhões de pessoas encontram nela sua inspiração, devemos respeitar isso. E há muitas razões para ser assim.

Dia Três

PRIMEIRA SESSÃO

Shantideva explica em seguida como devemos lidar com a raiva e com o ódio que podem surgir em nós contra alguém que está destruindo alguma coisa que nos pertence. Até aqui, ele tratou do mal infligido à própria pessoa; daqui por diante, passa a falar do mal infligido a alguma coisa que é "minha".

(64) Caso outros falem mal ou até destruam
Imagens sagradas, relicários, o Dharma sagrado,
É impróprio para mim me ressentir,
Pois os Budas nunca podem ser feridos.

No versículo 64, Shantideva fala sobre a maneira como um budista pode tentar justificar sentir raiva e ódio de alguém que está destruindo imagens do Buda ou realizando feitos sacrílegos, como destruir relicários e outras imagens sagradas. Para um budista, são coisas muito preciosas. Pode-se tentar justificar o ódio contra alguém que profana esses objetos, alegando-se que é para o bem do Dharma. Shantideva diz que essa não é a reação apropriada. Na verdade, a pessoa reage porque não pode suportar a situação. Mas em relação aos próprios objetos sagrados, ninguém pode lhes fazer mal.

(65) Devo sempre evitar que a raiva aflore contra aqueles
Que injuriam meus mestres espirituais, parentes e amigos;
Em vez disso, devo compreender, como foi mostrado antes,
Que essas coisas sempre decorrem das condições.

No versículo 65, Shantideva ressalta que também não é apropriado desenvolver o ódio contra alguém que ataca os mestres espirituais, parentes e amigos. Mesmo nesses casos, o mal infligido a essas pessoas acontece, em parte, por causa dos feitos kármicos que desempenharam no passado. Além disso, em alguns casos também há condições circunstanciais envolvidas. Se alguém está fazendo mal a um amigo, pode ter alguma relação com o comportamento desse amigo — algum ato seu pode ter levado outra pessoa a lhe causar mal. Portanto, deve-se levar esses fatores em consideração e não sentir ódio.

(66) Como as criaturas encarnadas são injuriadas
Por seres animados e objetos inanimados,
Por que apenas ter rancor dos animados?
A conclusão é a de aceitar pacientemente todo o mal.

No versículo 66, Shantideva comenta que entre os fatores envolvidos em causar mal e injúria, como já ressaltamos antes, há tanto objetos animados quanto inanimados. Contudo, por que visamos expressamente os objetos animados e os consideramos responsáveis, ou acalentamos um rancor contra eles?

(67) Caso um ignorante faça algo errado
E outro ignorante fique com raiva dele,
Quem estaria com a culpa,
E quem estaria sem a culpa?

Aqui, ele mostra uma simetria dos dois lados. Se alguém causa mal a outra pessoa, ou aos amigos de alguém, então essa pessoa age, em grande parte, por ignorância das conseqüências de seu ato. Portanto, se alguém perde a calma e fica com raiva dessa pessoa, está baseando sua ira na ignorância. Ou seja, há uma espécie de simetria entre os dois atos; e, sendo assim, de quem seria a culpa? Quem está certo e quem está errado? Tanto a pessoa que causa o mal quanto a pessoa que sente raiva estão na mesma categoria.

(68) Por que me causam mal agora as ações
Que cometi por causa dos outros?
Como tudo se relaciona com minhas ações
Por que devo guardar rancor contra esses (inimigos)?

Neste versículo, Shantideva responde a uma defesa bastante compreensível que se pode usar, que é a de alguém tentar justificar a raiva contra outra pessoa com a alegação de que são duas situações diferentes: "Em primeiro lugar, eu estava apenas cuidando de minha vida. Não provoquei a outra pessoa; e essa outra pessoa, sem qualquer provocação, me fez mal. Não estamos na mesma situação. Portanto, minha reação de raiva está justificada."

Shantideva diz que, nessas circunstâncias, a pessoa não pensou direito no caso. Se examinar com todo cuidado, vai verificar que é a responsável, em última análise, porque foi o próprio karma que gerou a situação. Ou seja, ninguém pode dizer: "Sou completamente inocente nesta situação."

(69) Depois que compreendi que é assim,
Devo me empenhar pelo que é meritório,
A fim de sempre promover a certeza
De pensamentos de amor entre todos.

No versículo 69, Shantideva conclui que, ao pensar nas linhas que desenvolveu antes, a pessoa deve tomar uma decisão: "Daqui por diante farei o melhor que puder para garantir que viverei em paz e harmonia, com pensamentos de amor ao me interagir com outros. Farei o melhor que puder não apenas para garantir que permanecerei assim, mas também para assegurar que os outros façam a mesma coisa."

(70) Por exemplo, quando um incêndio numa casa
Se espalha para outra casa,
É certo se livrar da palha e coisas assim,
Que farão as chamas se propagarem.

(71) Também quando o fogo do ódio se propaga
A qualquer coisa em que minha mente esteja fixada,
Tenho de me livrar no mesmo instante,
Com medo de meu mérito pegar fogo.

Nesses dois versículos, Shantideva enfatiza a importância de lidar com a fixação, que é a raiz, essencialmente, do ódio e da raiva. Ele dá o exemplo do fogo numa casa: a pessoa deve tentar, no mesmo instante, se livrar de toda a palha em chamas, a fim de evitar que o fogo se espalhe para outras casas. Quando o fogo do ódio se espalha, vai aproveitar o combustível da fixação. Portanto, a pessoa deve tentar se livrar da fixação. De um modo geral, encontramos na literatura Mahayana, como o *Compêndio dos Feitos,* de Shantideva, uma ênfase sobre a importância de se lidar com o ódio, como se defender e como eliminá-lo. Mas ele menciona que há situações excepcionais em que a fixação pode ser útil para o Bodhissatva, que está trabalhando em benefício dos outros. Mesmo que assim seja, a fixação ou o desejo está, em geral, na raiz do ódio. A diferença entre o ódio e a fixação é que o ódio, quando surge, é muito destrutivo, muito violento; tem uma qualidade imediatamente perturbadora. Não é tanto o caso da fixação, que tem mais suavidade. Apesar disso, a fixação está na raiz do ódio. Assim, a fim de eliminar totalmente o ódio, é preciso lidar com a fixação.

É importante esclarecer nessa posição que, embora a fixação possa ser útil para o Bodhisattva quando trabalha em benefício dos outros, isso não ocorre por causa da natureza da fixação, mas sim por causa dos meios habilidosos que o Bodhisattva emprega para utilizá-la em benefício dos outros. É preciso, no entanto, esclarecer a posição fundamental de que a fixação está na raiz de nossa existência não-iluminada.

É também evidente que muitos dos conflitos e discussões que uma pessoa encontra, mesmo dentro da família, são baseados numa forte fixação. Descobrimos que há tipos diferentes de fixação em relação a diferentes objetos: fixação pela forma, aparência, som, cheiro, sensações tácteis e assim por diante. Todas essas, individualmente, já são bastante poderosas para causarem muitos problemas e dificuldades. Contudo, a forma mais forte de fixação parece ser a fixação sexual. Onde as escrituras descrevem esse tipo específico de fixação, descobrimos que todos os cinco sentidos estão envolvidos. Ou seja, é algo muito poderoso, com o potencial para criar problemas e causar destruição.

Mas eu me pergunto a que lugar pertence a fixação pelo dinheiro, porque não se pode dizer que a pessoa é ligada à aparência ou à forma do dinheiro, nem que se liga aos belos sons que emite. Com dinheiro, pode-se adquirir muitos objetos de desejo. Talvez seja por esse aspecto que a fixação pelo dinheiro se torna tão poderosa.

Neste ponto é relevante analisar as relações entre os sexos. Vejo dois tipos principais de relacionamentos baseados na atração sexual. Uma forma é o puro desejo sexual, em que o motivo ou ímpeto é a satisfação temporária, uma espécie de gratificação imediata. Depois, com base nisso, as pessoas formam um relacionamento. Mas acho que não é muito confiável ou estável, porque os indivíduos estão se relacionando entre si não como pessoas, mas sim como objetos. Mas há um segundo tipo de relacionamento baseado na atração sexual, em que não há uma predominância física na atração. Em vez disso, há um respeito fundamental, um reconhecimento do valor da outra pessoa, baseado no sentimento de que a outra pessoa é bondosa, agradável e gentil. Assim, é possível conceder respeito e dignidade à outra pessoa. Qualquer relacionamento baseado nisso será muito mais duradouro e também mais apropriado. A fim de estabelecer essa forma de relacionamento, é essencial que as pessoas tenham bastante tempo para se conhecerem. Depois que a pessoa teve o tempo necessário para conhecer a outra num nível pessoal, de forma a conhecer as características básicas uma da outra, o relacionamento assim baseado será muito mais confiável e duradouro. Pode-se dizer que no segundo tipo há alguma compaixão genuína envolvida em sua formação. Há um senso de responsabilidade, porque há um senso de compromisso em relação um ao outro, enquanto no caso anterior não existem esses fatores. Há apenas a satisfação temporária.

Como mencionei antes, dentro de cada pessoa pode-se encontrar muitas incoerências e contradições. Às vezes, a disparidade entre os pensamentos de uma pessoa no início e no fim do dia é tão grande que se consome uma grande energia na tentativa de encontrar uma conciliação. Isso pode levar a dores de cabeça. Como é natural, entre duas pessoas, entre pais e filhos, entre irmãos e irmãs, há diferenças. É inevitável a ocorrência de conflitos e divergências. Já que são inevitáveis as discordâncias, conflitos, contradições, como lidaremos com eles, como os enfrentaremos? Se temos confiança em nossa capacidade de conciliação, então será possível lidar com essas situações.

(72) Por que um condenado à morte não é afortunado
Se for libertado depois de ter sua mão cortada?
Por que eu, que experimento o sofrimento humano, não sou afortunado
Se por isso sou poupado das agonias do inferno?

(73) Se sou incapaz de suportar
Até os simples sofrimentos do presente,
Então por que não trato de evitar a raiva,
Que será a fonte do sofrimento infernal?

Nestes dois versículos, Shantideva explica que por não sentir raiva nem desenvolver o ódio em reação ao mal causado pelos outros, o que se ganha é a proteção contra as conseqüências indesejáveis em potencial, que podem, de outra forma, ocorrer. Porque se a pessoa reage a essas situações com raiva e ódio, não apenas não se protege da injúria que já foi causada, como também, ainda por cima, cria uma causa adicional para o próprio sofrimento no futuro. Contudo, se a pessoa reage sem raiva e ódio, se desenvolve paciência e tolerância, pode enfrentar injúria ou desconforto temporário, mas esse sofrimento de curto prazo vai protegê-la de conseqüências potencialmente perigosas no futuro. Se é assim, então, pelo sacrifício de pequenas coisas, por aturar pequenos problemas ou dificuldades, a pessoa poderá evitar experiências de sofrimento muito maior no futuro. Um exemplo que Shantideva usa aqui é o do condenado que, podendo salvar sua vida pelo sacrifício de uma das mãos, não deveria se sentir grato por ter essa oportunidade? Ao aceitar a dor e o sofrimento de ter a mão cortada, a pessoa estará se salvando da morte, que é um sofrimento maior. Shantideva acrescenta que há outra vantagem: não apenas a pessoa estará protegida das conseqüências potencialmente perigosas no futuro, como também, ao experimentar a dor e o sofrimento causados temporariamente por outros, estará esgotando os potenciais kármicos do karma negativo acumulado no passado. Portanto, serve a dois propósitos.

A aceitação paciente das pequenas dificuldades também oferece a oportunidade de se aplicar outras práticas. Pode-se fazer preces aspiracionais e a dedicação: "Ao experimentar este sofrimento, que eu possa ser capaz de purificar minhas ações negativas cometidas no passado." Pode-se também aproveitar a oportunidade para a prática de *tong-len*, que é a prática Mahayana do "dar e receber". Para isso, quando se passa pela experiência da dor e do sofrimento, deve-se pensar: "Que o meu sofrimento possa substituir todos os tipos similares de sofrimento que os seres sencientes possam ter de arcar. Que, ao experimentar este sofrimento, seja capaz de salvar todos os outros seres sencientes de terem de passar pelo mesmo sofrimento." Dessa maneira, pode-se assumir o sofrimento e, ao mesmo tempo, usar a experiência da dificuldade como uma oportunidade para esse tipo de prática.

O conselho é especialmente útil quando se lida com doenças. Claro que é importante, em primeiro lugar, adotar todas as medidas preventivas para não se sofrer as doenças, como ter uma dieta apropriada, ou qualquer outra coisa que seja necessária. Mas se a pessoa cai doente, é importante não ignorar a necessidade de tomar os medicamentos apropriados e adotar outras medidas necessárias para a cura. Haveria uma importante diferença na reação à doença se a pessoa, em vez de se lamentar pela situação, em vez de sentir pena de si mesma, em vez de se sentir sufocada de ansiedade e preocupação, tratasse de se poupar dessas dores e sofrimentos mentais adicionais, completamente desnecessários, adotando a atitude certa. Pode não aliviar o sofrimento e a dor física real, mas a pessoa pode pensar: "Que eu possa experimentar esta dor e sofrimento, que eu seja capaz de ajudar e salvar outras pessoas que possam ter de passar pela mesma experiência." Assim, pode-se aproveitar a oportunidade para uma prática espiritual; em outras palavras, praticar a meditação tong-len, "dar e receber". Esse tipo de prática pode não levar necessariamente a uma cura real em termos físicos, mas pode, com certeza, proteger a pessoa da dor e do sofrimento mental desnecessários. Além disso, é também possível que a pessoa, em vez de ficar triste com a experiência, possa considerá-la como uma espécie de privilégio. Ou seja, pode ser uma oportunidade, até mesmo uma experiência alegre, porque enriquece a vida da pessoa.

Às vezes, devido a uma incompreensão da doutrina do karma, há uma tendência para atribuir toda a culpa ao karma, na tentativa de se eximir da responsabilidade e da necessidade de se tomar uma iniciativa pessoal. Pode-se dizer com a maior facilidade: "Isto acontece por causa do meu karma negativo do passado. O que eu posso fazer? Estou impotente." É uma noção totalmente errada do karma, porque, embora as experiências de uma pessoa sejam uma conseqüência dos seus feitos passados, isso não significa que não se tem opção, nem que não há margem para a iniciativa de promover uma mudança. Não se deve ficar passivo e tentar se abster de uma iniciativa pessoal, sob a alegação de que tudo é o resultado do karma. Se compreendemos direito o conceito do karma, vamos compreender que karma significa "ação", sendo um processo bastante ativo.

Quando falamos de karma ou ação, isso acarreta, necessariamente, a ação cometida por um agente no passado, neste caso, a própria pessoa. Portanto, o tipo de futuro que virá depende, até certo ponto, da própria pessoa, e pode ser determinado pelo tipo de iniciativas que se toma agora. Não é só isso: o karma não deve ser entendido em termos de uma espécie de força passiva, estática, mas sim em termos de um processo ativo. Isso indica que há um importante papel para o agente individual desempenhar na determinação do curso do processo kármico. Considerem, por exemplo, um ato simples como satisfazer nossas necessidades de alimento. A fim de realizar esse objetivo simples, é preciso tomar a iniciativa da ação: é preciso procurar o alimento, prepará-lo e comê-lo. Isso demonstra que até mesmo um ato simples, até mesmo um objetivo simples, é alcançado através da ação.

(74) Para satisfazer meus desejos,
Sofri inúmeras queimaduras no inferno,
E por essas ações não cumpri o propósito
Que seria o meu, nem o dos outros.

(75) Mas como um grande significado resultará
Do mal que não é nem mesmo (uma fração) daquele,
Devo, no fundo, sentir apenas alegria
Pelo sofrimento que dissipa todos os males.

Nesses versículos, Shantideva explica que as dificuldades, dores e sofrimentos pelos quais passamos no processo de trabalhar em benefício dos outros — e também no processo de desenvolver paciência e tolerância — são quase insignificantes em comparação com o sofrimento nos reinos inferiores. As formas de sofrimento envolvidas no trabalho para os outros, através do aprendizado ou através do treinamento, são suportáveis.

Meditação

Vamos meditar sobre a compaixão, visualizando um ser senciente que está sofrendo de dor intensa, ou se encontra numa terrível situação. Depois, tente relacionar esse ser com você. Pense que ele possui a mesma capacidade que você para experimentar a dor, alegria, felicidade e sofrimento. Depois, focalize o estado lamentável da existência desse ser, sob intenso sofrimento. Tente desenvolver um sentimento natural de compaixão por esse ser senciente. Deixe a compaixão natural fluir de você para esse ser senciente.

Como antes, vamos usar os três minutos iniciais da sessão de meditação de uma maneira mais analítica, pensando sobre o sofrimento, a situação lamentável e assim por diante. Depois, tente chegar a uma conclusão, pensando: "Desejo muito que esse ser senciente se livre do sofrimento." E também: "Ajudarei a aliviar esse ser senciente do sofrimento." Depois, concentre sua mente nesse tipo de determinação.

De um modo geral, quando falamos de meditação, há dois tipos principais. Em um tipo, você pega alguma coisa como objeto de sua meditação. Por exemplo, no caso da meditação sobre a impermanência, ou meditação sobre o vazio, você não gerarem sua mente a natureza disso, mas sim considera a impermanência e o vazio como um objeto, em que focaliza a mente. O outro tipo principal de meditação é aquele em que você gera na mente um estado determinado. Por exemplo, numa meditação sobre amor e compaixão, você não toma o amor e a compaixão com um objeto de meditação. Em vez disso, tenta gerar em sua mente um estado apaixonado ou compadecido.

Creio que é importante compreender que você, ao desenvolver compaixão, está tentando partilhar o sofrimento de outros seres sencientes. Por esse ponto de vista, você está assumindo dor ou sofrimento adicional. Há esse elemento. Por esse motivo, a sensação ou sentimento imediato nessa experiência pode envolver um certo grau de desconforto. Contudo, por trás disso, é preciso ter um elevado grau de alerta. Afinal, de uma forma voluntária e deliberada, por um propósito superior, você está aceitando e assumindo o sofrimento de outro. É muito diferente da situação em que você pensa sobre seu próprio sofrimento e se sente totalmente sufocado, sobrecarregado a ponto de sentir as faculdades embotadas. O sentimento de desconforto que se experimenta quando se assume o sofrimento dos outros, gerando compaixão, tem um alerta latente, um senso de determinação. Portanto, quanto mais sofrimento dos outros você assume, maior o poder de seu estado de alerta e determinação. Assim, este é um ponto importante, que não pode ser esquecido.

Não se deve entender de um modo errado histórias como a de Langri Tangpa, o grande mestre tibetano de Kadampa, que foi um extraordinário meditador sobre o amor e a compaixão. Dizem que ele vivia chorando. Foi até apelidado de "o Lama Chorão". Mas não se deve interpretar isso errado, porque o propósito pelo qual esse grande mestre chorava durante o tempo todo era o de alcançar um estado de felicidade, de alegria total, para os outros e para si mesmo. Esse estado é chamado de *sugata*, que significa literalmente "ir para o reino", "ir além". É um estado de alegria e paz total. Langri Tangpa não chorava porque queria ir para um estado de sofrimento, mas sim porque queria ir — e levar os outros — para um estado de felicidade e alegria.

Perguntas

P: *Por favor, explique os relacionamentos entre medo e ódio e medo e paciência.*

R: Há muitos tipos diferentes de medo. Alguns medos são genuínos, baseados em razões válidas. Outros são simplesmente o produto de nossa criação mental. Creio que o segundo tipo de medo resulta de conseqüências negativas de longo prazo e é um estado de sofrimento. O medo das próprias emoções negativas, em minha opinião, é um tipo válido de medo. O medo dos outros, em decorrência de um estado mental negativo, pode parecer hostilidade para os outros. Por causa disso, às vezes ocorre um tipo de medo que pode ser relacionado com o ódio. Sobre medo e paciência, eu não sei.

P: *Em vez de aprender a lidar com a raiva dos outros, por que não evitar as pessoas com raiva?*

R: É uma verdade. O praticante, no estágio inicial, opta por um lugar isolado. Mas isso não é uma solução a longo prazo; é um método temporário. Enquanto permanece isolada, a pessoa deve desenvolver uma força interior. Assim, quando volta à sociedade, já está preparada. Alguém que se isola por completo da sociedade e evita a interação com outras pessoas, depois passa uma vida inteira em meditação, num refúgio solitário, pode se tornar um Arhat, que se descreve como aquele que é como um rinoceronte.

P: *Que provas temos da existência da natureza de Buda? Como sabemos que todos possuem isso? E que temos em nós?*

R: Primeiro, no pensamento budista, um dos motivos é o fato de que a suprema natureza da mente é a não-substancialidade, que os budistas chamam de vazio. Portanto, a percepção da realidade intrínseca da mente é uma ilusão, um estado mental distorcido, sem fundamento na realidade. Por isso, pode ser eliminado e removido. Esse fato pode ser compreendido por inferência, sem depender da autoridade das escrituras. Mas isso exige não apenas uma compreensão inferencial e intelectual, pois deve ser combinada com uma experiência de meditação. Assim, através da combinação inferencial e intelectual, e da experiência de meditação, podemos chegar ao conhecimento de que a suprema natureza da mente é o vazio, e concluir que os estados ilusórios enraizados na percepção de uma existência intrínseca da mente podem ser eliminados.

Também é possível chegar bem perto da compreensão de que a natureza essencial da mente é pura ao focalizarmos a atenção no fato de que ao falarmos da consciência, o mais característico é que a consciência se situa na natureza da mera experiência. Não é física, não é material, mas está na natureza da mera experiência, ou luminosidade. É um fato que a pessoa também pode compreender, não necessariamente por completo, mas até certo ponto, através da inferência. Contudo, a plena compreensão da natureza essencial da mente sendo pura e sendo mera luminosidade pode exigir que a pessoa se baseie na autoridade das escrituras, porque precisará distinguir entre os vários níveis da mente. São explicados em termos de quatro estágios diferentes da mente sutil, culminando na consciência muito sutil, que é conhecida como a natureza da mente de "luz clara". É muito difícil dizer que podem ser compreendidas inteiramente através da razão, sem se basear nas escrituras.

O importante aqui é o nível de experiência pessoal para se chegar a um certo grau de compreensão. Há na literatura Vajrayana um raciocínio metafórico que tenta estabelecer a existência do que são conhecidas como "as oitenta concepções que são indicativas dos estados mentais sutis" e como se relacionam com os quatro estágios da mente sutil. Pessoalmente, acho muito difícil chegar plenamente à conclusão através da mera lógica e do raciocínio. Também encontramos em *Sublime Contínuo*, de Maitreya, o argumento de que a razão pela qual todos possuem esse desejo inato de procurar a felicidade e evitar o sofrimento é o fato de ser possível superar o sofrimento e alcançar a felicidade. Ele tenta apontar para a existência da natureza de Buda.

P: *O que o senhor acha dos mestres do Dharma que falam e escrevem muito bem sobre o Dharma mas não vivem de acordo?*

R: Porque sabia dessa conseqüência potencial, Buda foi muito rigoroso ao prescrever as qualidades que são necessárias para alguém ser qualificado como mestre. Hoje em dia, ao que parece, esse é um problema sério. Primeiro, no lado do mestre: a pessoa que oferece algum ensinamento, que faz preleções sobre o Dharma, deve ser treinada, culta e estudiosa. Depois, como o assunto não é história ou literatura, mas espiritual, o mestre deve adquirir alguma experiência. Quando essa pessoa fala sobre um rema religioso com alguma experiência, tem mais peso. Se não tiver experiência, não será tão eficaz. Portanto, a pessoa que começa a falar para os outros sobre o Dharma deve compreender a responsabilidade, deve estar preparada. Isso é muito importante. Por causa dessa importância, Lama Tsongkhapa, quando descreve as qualificações que são necessárias para alguém se tornar mestre, cita os *Ornamentos das Escrituras,* de Maitreya. Ali, Maitreya relaciona as qualificações básicas que são necessárias da parte do mestre. Por exemplo, o mestre deve ser disciplinado, em paz consigo mesmo, compadecido e assim por diante. Na conclusão, Lama Tsongkhapa diz que as pessoas que desejam procurar um mestre espiritual devem primeiro ter conhecimento das qualificações necessárias para um mestre. Só depois de se adquirir essa noção é que se deve procurar um mestre. Da mesma forma, aqueles que desejam procurar discípulos e se tornarem mestres não apenas devem estar conscientes dessas condições, mas também devem ser capazes de julgar se possuem essas qualidades; e se não possuírem, devem trabalhar para alcançá-las. Portanto, os mestres devem também compreender a grande responsabilidade envolvida. Se alguém, lá no fundo, procura na verdade dinheiro, então acho melhor procurar através de outros meios. Ou seja, se a intenção profunda é um propósito diferente, acho que é uma situação lamentável. Essa atitude é uma confirmação da acusação comunista de que a religião é um instrumento de exploração. O que é muito triste.

O próprio Buda estava consciente desse potencial para abuso. Por isso, declarou categoricamente que ninguém deve levar uma vida que seja adquirida através dos cinco meios errados de subsistência. Um deles é o de ser insinuante e lisonjeiro com um benfeitor, a fim de obter o benefício máximo.

Por outro lado, os discípulos também têm responsabilidades. Primeiro, não devem aceitar o mestre cegamente. Isto é muito importante. Você pode aprender o Dharma de alguém que aceita não necessariamente como um guru, mas sim como um amigo espiritual. Considere essa pessoa até conhecê-la melhor, até adquirir uma confiança total e puder dizer: "Agora, ele pode ser meu guru." Até que essa confiança se desenvolva, trate essa pessoa como um amigo espiritual. Depois, estude e aprenda com ele ou ela. Você pode também aprender através dos livros. À medida que o tempo passa, há cada vez mais livros disponíveis. Por isso, acho que é um bom esquema.

Eu gostaria de abordar aqui uma questão que levantei há cerca de trinta anos sobre um aspecto particular do relacionamento guru-discípulo. Como temos visto no texto de Shantideva, *Guia para o Modo de Vida do Bodhisattva*, constatamos que, num contexto específico, certas linhas de pensamento são muito enfatizadas. Ou seja, a menos que você veja o argumento em seu contexto apropriado, há um grande potencial para o mal-entendido. O mesmo acontece no relacionamento guru-discípulo. Como o guru desempenha um papel tão importante como fonte de inspiração, bênção, transmissão e assim por diante, atribui-se uma tremenda ênfase em se manter a confiança indispensável e o relacionamento conveniente. Nos textos descrevendo essas práticas, encontramos uma prece específica: "Que eu possa desenvolver respeito pelo guru, devoção ao guru, o que me permitiria ver cada ação sua como pura."

Há trinta anos eu já declarava que esse é um conceito perigoso. Há um tremendo potencial para abuso nessa idéia de tentar ver todos os comportamentos de um guru como puros, de ver tudo o que o guru faz como iluminado. Declarei que isso é como um veneno. Para alguns tibetanos, essa frase pode parecer um pouco extremada. Contudo, parece que agora, com a passagem do tempo, minha advertência tornou-se bastante relevante. Seja como for, essa é minha convicção e atitude. Baseio o comentário de que é uma idéia potencialmente venenosa nas palavras do próprio Buda. Por exemplo, nos ensinamentos de Vinaya, que são as escrituras que descrevem a ética e a disciplina monástica, onde o relacionamento com o guru é considerado muito importante,

Buda declara que se deve conceder respeito ao guru, mas se por acaso o guru der instruções que contradizem o Dharma, então é preciso rejeitá-lo.

Há também declarações expressas nos sutras, em que Buda declara que as instruções dadas pelo guru de acordo com o caminho geral do Dharma devem ser seguidas, enquanto as instruções que não estão de acordo com o Dharma devem ser descartadas.

É na prática da Tantra Ioga Superior, do Budismo Vajrayana, que o relacionamento guru-discípulo assume uma grande importância. Por exemplo, na Tantra Ioga Superior temos práticas como a ioga guru, uma ioga inteira dedicada à relação com o guru. Mas até mesmo na Tantra Ioga Superior encontramos declarações de que as instruções dadas pelo guru que não estiverem de acordo com o Dharma não devem ser seguidas. Você deve explicar ao guru os motivos pelos quais não pode cumpri-las, Não deve seguilas só porque o guru mandou. O que encontramos aqui é a constatação de que não somos instruídos para dizer: "Muito bem, farei qualquer coisa que você disser." Em vez disso, somos instruídos a usar nossa inteligência e julgamento, rejeitando instruções que não estão de acordo com o Dharma.

Mas descobrimos, se lermos a história do budismo, que ouve exemplos de devoção total a mestres como Tilopa, Naropa, Marpa e Milarepa, que podem parecer meio exagerados. Mas verificamos que esses mestres, embora pudessem, superficialmente, parecer párias ou mendigos, ou ter estranhos comportamentos, levando outras pessoas a perderem a fé, possuíam, na verdade, um fator para contrabalançar tudo isso, quando era necessário reforçar a fé de outras pessoas no Dharma e neles como guias espirituais: um elevado nível de realização espiritual. Podiam até exibir poderes sobrenaturais, para compensar os excessos que as pessoas viam neles, em termos convencionais. No caso de alguns mestres modernos, no entanto, todos cometem excessos em seus comportamentos antiéticos, mas carecem do fator de compensação, que é a capacidade de exibir poderes sobrenaturais. Isso pode acarretar muitos problemas.

Portanto, como discípulos, vocês devem primeiro observar e investigar meticulosamente. Não considerem alguém como mestre ou guru até que tenham alguma confiança na integridade da pessoa. Isso é muito importante. Segundo, mesmo depois disso, se algumas coisas perniciosas acontecem, você tem toda liberdade para rejeitá-las. Os discípulos devem tomar o cuidado de não estragar o guru. Isso é muito importante.

P: *Com todo o respeito, fico sentado aqui pensando que é arrogante declarar que não existe um Criador. Contudo, sei que o budismo prega a humildade. Por que o senhor acha que a lógica pode compreender o todo maior? É apenas outra forma de convicção? Finalmente, que posição a intuição e o sentimento têm na declaração de que não há um Criador?*

R: Sobre a posição de que não há um Criador, há muitas referências expressas com relação a isso nas próprias escrituras de Buda. Por exemplo, vamos pegar a escritura sobre a origem dependente, chamada de *O Sutra da Muda de Arroz*, em que Buda declara que, porque a causa foi produzida ou gerada, os efeitos se seguiram. Também encontramos referências nas obras de pensadores budistas subseqüentes, como Shantideva e Chandrakirti. Shantideva é bastante explícito e muito claro sobre sua posição em toda a questão do Criador, no nono capítulo do *Guia para o Modo de Vida do Bodhisattva*. Chandrakirti também é muito claro na questão. Também encontramos Dharmakirti, no segundo capítulo de *Exposição de Meios Válidos para a Cognição*, adotando uma posição muito firme e explícita na questão. Dharmakirti ressalta num versículo que plenamente iluminado é aquele que se *tornou* aperfeiçoado. O verbo "tornar" é usado para indicar que não há crença num ser aperfeiçoado eterno ou absoluto. O Buda Shakyamuni tornou-se plenamente iluminado através de causas, condições, treinamento e um processo. Daí a escolha de "tornar-se". Essa é a posição budista.

Afinal, como eu sempre digo, são cinco bilhões de seres humanos e uma ampla variedade de disposições diferentes. Portanto, de certa forma, acho que precisamos de cinco bilhões de religiões diferentes, porque há tantas disposições. Deve ficar bastante claro que, para certas pessoas, o conceito de um Criador é muito mais benéfico e mais confortador. Assim, é melhor que tais pessoas sigam essa tradição. A essência de tudo isso é que é importante que cada pessoa se lance no caminho espiritual mais condizente com sua disposição mental, temperamento e convicção.

Passemos à segunda parte de sua pergunta. De onde vem essa intuição ou sentimento para o Criador? Pode ter algumas explicações sociológicas; a tradição cultural pode desempenhar também um papel importante. O motivo para eu dizer isso é que, para muitos tibetanos, a intuição da vida depois da morte ou renascimento é natural; é inata e instintiva. Não há margem para questionamento.

O mais importante aqui é que eu acho errado utilizar uma religião ou filosofia diferente como argumento. Apenas viva aquilo que você acredita. O budismo é da conta dos budistas; o cristianismo é da conta dos cristãos. Isso deve ficar bem claro. Mesmo num restaurante, à mesma mesa, comemos pratos diferentes e ninguém contesta. É o direito de cada pessoa.

P: *Se todas as nossas ações surgem como dependentes, como se pode optar por avançar para a iluminação? A pessoa escolhe ou apenas o próximo passo é inevitável?*

R: Não há possibilidade de progredir para a plena iluminação ou liberação apenas como resultado da evolução tempestiva. Ou seja, se a pessoa não toma a iniciativa, se não faz o esforço consciente de avançar pelo caminho espiritual para a perfeição, então não é possível evoluir naturalmente para um ser mais iluminado.

Em matéria de vazio, encontramos dezesseis tipos diferentes de vazio nas escrituras. O vazio de samsara é chamado de "vazio da ausência de início e da ausência de fim". Se não houver uma iniciativa, se não houver um esforço consciente, então nossa existência no estado não-iluminado vai se prolongar indefinidamente. Mas se houver um esforço consciente, se for tomada uma iniciativa, então haverá um fim para essa ausência de iluminação.

Encontro aqui uma grande inspiração num conceito no segundo capítulo de *Ornamentos das Compreensões Claras*, de Maitreya, em que ele fala sobre as cinco características do praticante Bodhisattva. Ele diz que em termos de inclinação natural imediata, há parâmetros objetivos: algumas pessoas são mais propensas para o caminho individual de liberação, enquanto outras preferem o ideal Bodhisattva, levando ao objetivo Mahayana do pleno estado búdico. Contudo, do ponto de vista supremo, todos os seres sencientes são iguais, porque a natureza de Buda prevalece em todos. Neste ponto, diferenciamos entre o potencial que todos os seres possuem e sua capacidade de realizar esse potencial.

SEGUNDA SESSÃO

(76) Caso alguém encontre uma alegre felicidade
Em enaltecer (meu inimigo) como uma pessoa excelente,
Por que você não o elogia também,
E dessa forma encontra a felicidade?

Depois de tratar da reação sem raiva ao mal ou injúria contra a própria pessoa e contra seus parentes e amigos, Shantideva passa a tratar agora da raiva que sentimos quando ouvimos nossos supostos inimigos sendo elogiados por outros, ou quando outros falam bem de alguém que detestamos. Normalmente, tendemos a não gostar desse tipo de comentário. Quando este ocorre, sentimos raiva. Shantideva ressalta que não podemos fazer isso; não é o tipo de atitude que se deve adotar. Sentir raiva por ouvir alguém falar bem de seus inimigos é totalmente impróprio. Se examinarmos com atenção, vamos descobrir que quando uma pessoa fala bem de alguém de quem você não gosta, há um senso de realização, de satisfação, pelo menos na mente da pessoa que está elogiando o inimigo. A pessoa faz isso porque se sente alegre e feliz com o inimigo. Portanto, você deve se regozijar porque o inimigo fez com que outra pessoa se sentisse alegre, feliz e satisfeita. É melhor você se mostrar exultante também, se possível até acompanhar os elogios, em vez de tentar contestá-los. Essa maneira de se relacionar com a situação é sem dúvida uma fonte de alegria. Também ajudará outras pessoas a mudarem de atitude em relação a você. Afinal, quem é capaz de lidar assim com esse tipo de situação tem menos problemas de inveja. Uma pessoa com menos inveja é com certeza mais feliz, de convivência mais agradável.

(77) Aquela sua alegre felicidade
Seria uma fonte de alegria, não algo proibido,
Um preceito dado até pelos Excelentes
E um supremo (meio) de congregar os outros.

(78) Se os outros ficam felizes com elogios,
Mas se você não quer esse tipo de felicidade,
Então deve deixar de pagar salários aos criados (já que isso os deixa felizes).
Mas haveria efeitos adversos nesta e em vidas futuras.

Neste ponto, Shantideva antecipa-se a outra defesa, ressaltando o que alguém pode sentir, com a maior naturalidade: "Devo sentir ciúme de um inimigo que está sendo elogiado por outros, já que o elogio deixará o inimigo feliz. Portanto, é claro que sentirei ciúme e é claro que não gostarei do elogio."

Shantideva argumenta que se a pessoa sente inveja, ou fica com raiva do elogio, isso significa que detesta a existência da alegria ou felicidade em outra pessoa. E se for esse o caso, então por que alguém deve se empenhar tanto para agradar às outras pessoas, para fazer todos os tipos de coisas pelos outros a fim de deixá-los felizes? Se não se pode suportar a felicidade do inimigo, então por que alguém faria todos os tipos de coisas para tornar feliz alguma outra pessoa?

(79) Quando pessoas descrevem minhas boas qualidades,
Quero que os outros também sejam felizes,
Mas quando descrevem as boas qualidades de outros,
Eu não desejo ser pessoalmente feliz.

(80) Tendo gerado a Mente Desperta,
Por desejar que todos os seres sejam felizes,
Por que haveria de sentir raiva,
Se eles encontram alguma felicidade?

Shantideva explica no versículo seguinte outra incoerência relacionada com essa questão. Ele observa que quando o elogio é para a pessoa, quando os outros falam bem a seu respeito, ela não apenas se sente feliz, mas também espera que os outros sintam felizes ao ouvirem o mesmo elogio. Mas isso é totalmente incoerente com a atitude da pessoa em relação aos outros. Quando alguém elogia os outros, a pessoa não apenas desaprova, como também vê destruída sua felicidade e paz de espírito. Portanto, há uma incoerência na maneira como se considera o elogio para a própria pessoa e o elogio para os outros.

Em particular para um praticante Bodhisattva, que dedicou sua vida a proporcionar alegria e felicidade, em levar os outros ao supremo estado de felicidade, ter ciúme da felicidade e alegria dos outros é totalmente impróprio. Na verdade, todos devemos nos sentir ainda mais gratos se outros seres sencientes, por sua própria iniciativa, por seus próprios esforços, adquirem um pouco de experiência de felicidade e alegria. Afinal, eles conseguiram alcançar essa felicidade e experiências alegres sem a nossa ajuda.

(81) Se desejo que todos os seres sencientes se tornem
Budas idolatrados através dos três reinos,
Então por que fico atormentado
Quando os vejo recebendo o mero respeito mundano?

(82) Se um parente de quem eu gosto,
E a quem devo dar muitas coisas,
For capaz de encontrar a própria subsistência,
Não devo me sentir feliz, em vez de ter raiva?

Shantideva acrescenta que um praticante de Bodhisattva tem o compromisso de levar todos os seres sencientes ao mais elevado estado da existência, que é o estado búdico, um estado que merece a reverência dos seres sencientes em todos os três reinos. Se é esse o caso, como um praticante se permite ficar atormentado pela percepção do sucesso, alegria e felicidade de outras pessoas? Ele dá um exemplo: se, por acaso, há pessoas por quem se é responsável, pessoas dependentes em termos financeiros e materiais, e se essas pessoas, por sua iniciativa, conseguem garantir a subsistência e terem sucesso por si mesmas, isso alivia o fardo anterior. Portanto, nessas situações, a pessoa deve se sentir agradecida e feliz, porque as outras demonstraram que podem andar sozinhas. O mesmo acontece com um praticante de bodhichitta, que pensa todos os dias no bem-estar de todos os seres sencientes e constantemente ora por isso. Devemos nos lembrar que ao se falar em "todos os seres sencientes", todos sem exceção estão incluídos nesse pensamento, até mesmo as pessoas que podemos detestar ou achar irritantes, como nossos inimigos e assim por diante.

(83) Se não desejo que os seres tenham nem mesmo isso,
Como posso desejar que eles despertem?
E como pode haver uma Mente Desperta
Naquele que tem raiva quando outros recebem coisas?

Neste versículo, Shantideva indaga: "Se não posso tolerar ou suportar que outras pessoas conquistem sucessos materiais, que tenham aquisições materiais e alegria, então como posso alegar que desejo que alcancem a plena iluminação?" É uma hipocrisia. Não há possibilidade de desenvolver bodhichitta na mente de uma pessoa assim.

(84) Que importa se (meu inimigo) recebe algo ou não?
Quer ele consiga,
Quer permaneça na casa do benfeitor,
De qualquer forma eu nada terei.

Neste ponto, Shantideva ressalta que quando o inimigo de alguém adquire um determinado benefício material, por exemplo, de um benfeitor, não há sentido em ter ciúme, nem qualquer sentimento de aversão por cauda disso. Mesmo que o inimigo não receba essa coisa material de seu benfeitor, não fará qualquer diferença para nós. Afinal, se o inimigo não recebe a coisa material, isso não significa que nos será dada. Portanto, para nós, não faz diferença se a coisa material é entregue ao inimigo, ou se permanece na casa do benfeitor, que é o amigo do inimigo.

(85) Então por que ter raiva, se perco meus méritos,
A fé (dos outros em mim) e minhas boas qualidades?
Por que não sinto raiva (de mim mesmo)
Por não ter as causas para ganhar?

(86) Sem falar de não ter qualquer remorso
Pelos males que você cometeu, (Oh, mente)
Por que deseja competir com os outros,
Que realizaram feitos meritórios?

Na verdade, o que a pessoa realmente deseja é a riqueza material ou o sucesso; sentir inveja do sucesso e da riqueza material dos outros é totalmente impróprio. Por causa dessa inveja, a pessoa destrói as próprias raízes virtuosas ou impressões que no futuro a levariam ao sucesso material, aquisição de riqueza material e assim por diante. Portanto, se a pessoa está mesmo empenhada na aspiração de alcançar bens materiais, então deve sentir ainda mais raiva de si mesma pela inveja do sucesso material dos outros.

Além disso, Shantideva diz que ao vermos nosso inimigo ter sucesso, adquirir bens materiais, ou ser elogiado pelos outros, se nos regozijarmos com esse sucesso, se nos sentirmos alegres e felizes por isso em vez de sentir inveja, amargura ou raiva, há uma possibilidade de podermos partilhar o sucesso. Talvez haja mesmo essa possibilidade. Mas se sentirmos inveja e raiva pelos sucessos alheios, não apenas estamos falhando em nossa capacidade de desenvolver um profundo sentimento de arrependimento pelas ações negativas cometidas no passado, como também, num certo sentido, competindo agressivamente com as conseqüências dos feitos virtuosos realizados pelos outros.

(87) Mesmo que seu inimigo se sinta infeliz,
Que motivo você tem para se sentir alegre?
O seu mero desejo (de que ele sofra)
Não faz com que ele seja injuriado.

(88) E mesmo que ele sofra como você desejou,
Que motivo você tem para se sentir alegre?
Se você diz "Por isso ficarei satisfeito",
O que pode haver de mais mesquinho?

(89) Esse anzol de concepções perturbadoras
É de uma insídia insuportável: se for fisgado,
É certo que acabarei cozinhado
Nos caldeirões dos guardiões do inferno.

No primeiro desses três versículos, Shantideva formula a indagação: se nosso inimigo se torna infeliz, mesmo através de nossa ação, que motivo temos para sentir alegria por isso? O mero desejo de prejudicar alguém, o mero desejo de qualquer mal para o inimigo, não vai lhe causar mal ou injúria. Mesmo que se consuma nosso desejo de coisas negativas, de todos os fracassos e problemas para o inimigo, que motivo haveria para se regozijar com isso? Se dissermos "Neste caso ficarei muito satisfeito", Shantideva indaga: "O que pode haver de mais mesquinho?"

Ele concluiu com a declaração de que essa raiva ou ódio é como um anzol para nos fisgar. Portanto, é muito importante nos mantermos cautelosos, sem deixar que o anzol do ódio nos fisgue.

(90) A honra do louvor e fama
Não vai se tornar mérito ou vida;
Não me dará força nem libertação da doença,
Nem proporcionará felicidade física.

(91) Se eu soubesse o que tinha significado para mim,
Que valor haveria de encontrar nessas coisas?
Se tudo o que quero é (um pouco de) felicidade mental,
Devo me devotar a jogar, beber e assim por diante.

Nos versículos 90 e 91, Shantideva ressalta que não devemos nos preocupar com a fama ou com o que as pessoas dizem a nosso respeito, de bom ou de mau, porque, na realidade, a fama não faria muita diferença na vida de uma pessoa. Portanto, devemos definir direito nossas prioridades e procurar o que realmente tem valor, o que realmente tem significado para a nossa vida, não apenas a mera fama, que, no final das contas é algo vazio. Alguém pode reagir com o seguinte comentário: "Isso não é verdade, porque quando desfruto a fama e as pessoas falam bem de mim, experimento muita satisfação." Há uma espécie de gratificação imediata. Mas se esse é o único propósito da pessoa, então, como ressalta Shantideva, a pessoa pode justificar também o fato de beber durante todo o tempo, ou de usar substâncias como as drogas, porque proporcionam uma gratificação instantânea.

(92) Se pelo bem da fama
Perco minha riqueza ou sou morto,
O que podem fazer meras palavras (de fama)?
Depois que eu morri, a quem darão prazer?

Shantideva explica aqui que, às vezes, encontramos casos em que as pessoas sacrificam bens materiais, riqueza e assim por diante, apenas para conquistarem a fama. E também encontramos casos em que as pessoas são capazes de sacrificar a própria vida na ânsia de alcançar a fama. Se examinamos esses casos, descobrimos que na realidade a pessoa não se beneficia da fama. Afinal, a fama não passa de palavras vazias, sons vazios; e depois que a pessoa morre, quem pode se beneficiar disso? O propósito de procurar a fama foi o de experimentar um senso de satisfação. Mas se a pessoa sacrifica a própria vida por isso, então não há qualquer benefício. Portanto, esse tipo de obsessão com a busca da fama é muito infantil, um tremendo absurdo. As pessoas podem ficar completamente inebriadas com a idéia da fama.

(93) Quando castelos de areia desabam,
As crianças gritam em desespero;
Quando o louvor e reputação declinam,
Minha mente fica como uma criança pequena.

Neste versículo, Shantideva apresenta uma analogia: quando as crianças brincam na praia, construindo castelos de areia, levam tão a sério que gritam e choram quando desabam. As pessoas inebriadas com a fama agem de uma maneira similar.

(94) Como sons de vida curta são inanimados,
Não dá para pensar que eles me enaltecem
— Mas como deixam feliz (quem fez o elogio),
(Minha) reputação é uma fonte de prazer (para mim) —

(95) Quer o louvor seja para mim ou para outro,
Como me beneficiarei da alegria (de quem o concede)?
Já que essa alegria e felicidade pertencem só a ele,
Não obterei sequer uma parte.

(96) Mas se encontro felicidade em sua felicidade,
Não devo sentir a mesma coisa em relação a todos?
E se é assim, então por que me sinto infeliz
Quando outros encontram prazer no que lhes traz alegria?

(97) Portanto, a felicidade que decorre
De pensar, "Sou elogiado", não tem valor.
É apenas o comportamento de uma criança.

Nestes quatro versículos, Shantideva explica que um exame atento do que nos deixa felizes quando as pessoas falam bem de nós vai revelar que não é a fama propriamente dita. Não são os sons, porque os sons são momentâneos e, em alguns casos, nem têm motivos. Os sons por si mesmos não têm a intenção de nos agradar, não sentem qualquer afeição por nós. Mas podemos pensar que quando alguém nos elogia ou fala bem de nós, nesse instante, pelo menos na mente ou no coração de quem faz o elogio, há um senso de alegria, um senso de satisfação, um senso de realização. É por isso que me sinto feliz quando as pessoas falam bem de mim. Mas se é assim, a felicidade que existe na mente da pessoa que faz o elogio permanece em seu coração, não faz parte do contínuo mental. Neste caso, como podemos, na realidade, participar dessa alegria e felicidade? E se respondemos que não é essa a questão, que o importante é o fato de que por me elogiar a pessoa tem a oportunidade de experimentar alegria e felicidade, então, por que não devemos pensar da mesma forma quando alguém elogia nosso inimigo? Pelo menos na mente ou coração da pessoa que faz o elogio a nosso inimigo, há um senso de alegria e felicidade. Por isso, no versículo 97, ele argumenta que a felicidade ou alegria que deriva de pensar "Sou elogiado", não têm valor. A reação é igual ao comportamento de uma criança.

(98) O louvor e assim por diante me perturbam
E também minam minha desilusão (com a existência cíclica);
Começo a invejar os que têm boas qualidades
E tudo o que há de melhor será destruído.

(99) Portanto, aqueles que se empenham a fundo
Em destruir meu louvor e assim por diante
Não estão também empenhados em me proteger
De uma queda para os reinos do infortúnio?

Aqui, Shantideva ressalta que há, na verdade, muitas conseqüências destrutivas ou desvantagens de ser enaltecido pelos outros. A primeira é que quando alguém se torna muito famoso, quando os outros começam a elogiar e a falar bem, isso vai causar muita perturbação e distração na prática da pessoa. Afinal, quando alguém se torna muito famoso, também se torna muito ocupado e não tem mais tempo. Não é só isso, porque também pode minar a insatisfação com a existência não-iluminada; quando a pessoa se torna famosa, tudo parece certo. Ao refletir sobre a existência samsárica, a pessoa pode pensar: "Ora, não é tão ruim assim. É até bastante alegre." Há o perigo, quando se lê sobre as falhas e defeitos da existência samsárica, que a pessoa pense: "Ora, talvez isso tenha sido escrito por meditadores pobres, vivendo em lugares muito isolados. Eles nada sabiam sobre a realidade do mundo." Ou seja, há o risco de minar a própria avaliação da natureza insatisfatória da existência cíclica. Depois, em terceiro lugar, à medida que a pessoa se torna famosa e os outros a elogiam, pode subir à cabeça, fazendo com que se sinta muito orgulhosa. À medida que o orgulho da pessoa aumenta, ela se torna arrogante, porque é bem-sucedida aos olhos do mundo. Embora se possa encontrar a inveja entre mendigos, a inveja parece se tornar mais intensa quando a pessoa se torna bem-sucedida; de certa forma, a intensidade da inveja diminui com o declínio do sucesso.

Portanto, esses são os perigos potenciais de ser elogiado pelos outros. Deve-se refletir a respeito, porque através desses fatores, em última análise, o progresso espiritual da pessoa pode ser prejudicado.

(100) Eu que me empenho pela liberdade
Não preciso ser restringido por ganho material e honra.
Então por que devo sentir raiva
Daqueles que me livram dessa servidão?

(101) Aqueles que desejam me causar sofrimento
São como Budas concedendo ondas de bênçãos.
Já que abrem a porta para que eu não entre num reino do infortúnio,
Por que eu deveria sentir raiva deles?

De um modo geral, encontramos na literatura budista uma descrição da forma ideal da existência humana, que é dotada com as oito qualidades que tornam a existência plena e completa. Incluem a posse da riqueza material, o sucesso neste mundo e assim por diante. Essas qualidades são consideradas como condições favoráveis; se uma pessoa pode usá-las de uma maneira construtiva, então podem ser muito úteis. Podem ajudar a pessoa não apenas em seu caminho espiritual, como também torná-la mais eficaz, quando trabalhando em benefício de todos os outros seres sencientes. Contudo, ao se possuir as facilidades da riqueza, posição, instrução e assim por diante, é fundamental que haja um fator restritivo interior. Só assim a pessoa poderá manter um controle constante e não ser estragada por essas facilidades. É importante nunca perder a percepção fundamental da natureza insatisfatória latente da existência cíclica. Neste caso, a atitude da pessoa em relação a todas essas facilidades deve ser a de mantê-las em sua devida perspectiva, isto é, usá-las como um acessório no caminho e para trabalhar em prol de todos os seres sencientes. Há sempre a necessidade de manter o equilíbrio, de não ir a extremos. Ao mesmo tempo, é preciso ter pleno conhecimento da maneira de avançar pelo caminho com o máximo de eficácia.

Se a pessoa tem consciência desses fatos, então é possível considerar aqueles que se interpõem na aquisição de sucessos materiais, riqueza material, fama, posição e assim por diante, não como inimigos, mas como protetores, que a mantêm a salvo dos perigos potenciais de ser arruinado e bloqueado no caminho para a luz.

Por isso, nos versículos 100 e 101, Shantideva lembra-nos que nunca devemos perder de vista nosso supremo objetivo. A suprema aspiração é alcançar a liberdade do sofrimento... a liberação, ou nirvana. Por isso, não podemos nos permitir as restrições do ganho material e da honra. Portanto, por que devemos sentir raiva dos inimigos que obstruem nossas aquisições materiais e assim por diante, quando, na verdade, eles ajudam a nos livrar dessa servidão? Shantideva declara que as ações dessas pessoas são como bênçãos de Buda, porque nos protegem de entrar na casa que leva ao cômodo da existência desafortunada. Num certo sentido, elas estão trancando a porta que, de outra forma, nos levaria ao sofrimento. Por isso, não se deve sentir raiva dessas pessoas.

(102) — E se alguém obstruir minha aquisição de mérito? —
Com ele também é incorreto sentir raiva;
Como não há força tão grande quanto a paciência,
É claro que devo pô-la em prática.

No versículo 102, Shantideva responde ao sentimento de que é justificado ter raiva se o inimigo, através de sua ação, causa a destruição do mérito ou virtude da pessoa. Isso também não é uma justificativa apropriada para sentir raiva de um inimigo, argumenta ele, porque a melhor prática para acumular méritos ou criar marcas virtuosas é a prática do amor e da compaixão. Essa é a verdadeira prática do Dharma. A fim de ter pleno sucesso na prática do amor e da compaixão, é indispensável a prática da paciência e da tolerância. Portanto, não há força similar à paciência; não há prática maior do que a paciência. Não se deve ter raiva dos atos do inimigo, mas sim aproveitar a oportunidade para aprofundar a própria prática de paciência e tolerância.

(103) Se devido a minhas deficiências
Não sou paciente com esse (inimigo),
Então sou apenas eu quem me impeço
De praticar essa causa para alcançar o mérito.

Aqui está declarado que se me for dada essa oportunidade, se devido às minhas deficiências não consegui ser paciente e tolerante com meu inimigo, perdendo a calma, então sou apenas eu quem me impede de aproveitar a oportunidade para alcançar o mérito, através da prática da paciência. Portanto, nesse sentido, nós mesmos destruímos a causa da paciência.

(104) Se sem isso alguma coisa não ocorre,
E com isso passa a ocorrer,
Se esse (inimigo) seria a causa (da paciência),
Como posso dizer que ele a impede?

Neste versículo, Shantideva define o que se quer dizer com causa. Ele declara que se algo não pode ocorrer sem uma determinada coisa e se com essa coisa passa a ocorrer, então essa é a causa do evento ou ação. No caso da paciência, sem a ação de um inimigo não há possibilidade da ocorrência de paciência ou tolerância. Portanto, a ação de um inimigo é um fator indispensável para se ter a oportunidade de praticar a paciência. Assim, como podemos dizer o contrário, que o inimigo nos impede de praticar a paciência? Na verdade, o inimigo é a condição necessária para a prática da paciência.

(105) Um mendigo não é um obstáculo à generosidade
Quando estou dando alguma coisa,
E não posso dizer que aqueles que dispensam a ordenação
São um obstáculo para me tornar ordenado.

Shantideva usa o exemplo de um mendigo que realmente merece receber alguma coisa. Não se pode dizer que esse mendigo seja um obstáculo para a prática da generosidade. Da mesma forma, como se pode dizer que o preceptor que dispensa a ordenação e os votos é o obstáculo para a ordenação?

(106) Há de fato muitos mendigos neste mundo,
Mas escassos são aqueles que infligem o mal;
Pois se não prejudiquei os outros,
Poucos seres me causarão o mal.

(107) Assim, como o tesouro que surge em minha casa,
Sem qualquer esforço de minha parte para obtê-lo,
Devo me sentir feliz por ter um inimigo,
Pois ele me ajuda na conduta do Despertar.

Nestes dois versículos, Shantideva declara que são muitos os mendigos neste mundo, o que lhe permite praticar a generosidade. Em comparação, porém, há menos oportunidades de praticar a paciência. Isso acontece porque é preciso haver uma interação para que um inimigo pratique o mal. Por isso, quando nos deparamos com essa oportunidade, devemos nos sentir gratos. Como encontrar um tesouro em sua casa, devemos ficar felizes e agradecer ao inimigo por essa preciosa oportunidade.

(108) E porque sou capaz de praticar (a paciência) com ele,
É alguém que merece receber
Os primeiros frutos de minha paciência,
Pois dessa maneira ele é a causa.

Neste versículo, Shantideva ressalta que, se somos bem-sucedidos na prática da paciência e da tolerância, é por causa da combinação de nossos próprios esforços e da oportunidade proporcionada pelo inimigo. Portanto, devemos reconhecer isso e dedicar os primeiros frutos da prática da paciência em benefício do inimigo.

(109) — Mas por que o inimigo deve ser venerado?
Ele não tem a intenção que eu pratique a paciência. —
Então por que venerar o sagrado Dharma?
(Ele também não tem a intenção) mas é uma causa apropriada para a prática.

Aqui, Shantideva reconhece o que uma pessoa pode pensar: "Por que devo venerar meu inimigo, ou reconhecer sua contribuição? Não havia a menor intenção de me proporcionar uma oportunidade para praticar a paciência; não havia intenção de me ajudar." Se assim for, então devemos também venerar o Dharma, uma das três jóias, porque o verdadeiro Dharma refere-se à cessação e ao caminho. E a cessão e o caminho não têm a menor intenção de nos ajudar. Contudo, consideramos que são objetos dignos de veneração e respeito. O importante aqui é o efeito, não tanto a intenção do outro fator.

(110) — Mas certamente meu inimigo não deve ser venerado.
Porque ele pretende me causar o mal —
Mas como a paciência poderia ser praticada
Se, como médicos, as pessoas sempre se empenhassem em fazer o bem?

(111) Como a aceitação paciente é produzida
Na dependência de uma mente odiosa,
Essa pessoa deve ser digna de veneração como o Dharma sagrado,
Porque é uma causa da paciência.

Nestes dois versículos, Shantideva explica o que alguém pode pensar: "Você tem razão sobre a cessação e o caminho do Dharma, que não há a intenção de nos ajudar, mas mesmo assim os veneramos. No caso do inimigo, porém, ele não apenas não tem o desejo ou a intenção de nos ajudar, como também acalenta uma intenção maldosa de nos prejudicar. Querem nos fazer mal. Portanto, definitivamente, não merecem veneração ou respeito."

Shantideva diz que é justamente a mente odiosa e a intenção de nos fazer mal que tornam incomparável a ação do inimigo. Caso contrário, se for crucial apenas o ato específico de infligir dor, então até mesmo os médicos, sem a intenção de nos fazer mal, podem adotar métodos que são bastante dolorosos. Alguns tratamentos médicos podem até envolver uma cirurgia. Não obstante, não consideramos que esses atos são perniciosos, como os atos de um inimigo, porque a intenção por parte dos médicos é a de nos ajudar. Ou seja, é exatamente essa intenção deliberada de fazer o mal que torna o inimigo singular e que nos oferece uma preciosa oportunidade de praticar a paciência.

No versículo 111, ele conclui que assim como se venera o Dharma sagrado, deve-se também tratar os inimigos como objetos dignos de veneração, porque são a causa da prática da paciência.

Meditação

Vamos agora usar a sessão silenciosa para meditar sobre a prática de tong-len, "dar e receber". Primeiro, visualize, num lado, os seres sencientes que têm uma necessidade desesperada de ajuda, que se encontram num estado lamentável de sofrimento. Depois, no outro lado, visualize a si mesmo, como a personificação de uma pessoa egocêntrica, indiferente ao bem-estar e à necessidade dos outros seres sencientes. Depois, como um observador neutro, veja como seu sentimento natural se inclina para os dois; se o sentimento natural de empatia projeta-se para os seres sencientes mais fracos, em extrema necessidade, ou inclina-se para a personificação do egoísmo. Em seguida, focalize a atenção nos seres sencientes necessitados e desesperados. Dirija para eles toda a sua energia positiva, dispensando sucessos, virtudes acumuladas, energias positivas e assim por diante. Depois, assuma o sofrimento deles, seus problemas e seus aspectos negativos.

Por exemplo, podemos visualizar uma criança inocente e faminta da Somália, e verificar como reagimos naturalmente a essa imagem. Neste caso, quando geramos uma profunda empatia pelo sofrimento de uma pessoa assim, não se baseia em considerações como "Ele é meu parente. Ela é minha amiga." Você nem sequer conhece a pessoa. Mas porque a outra pessoa é um ser humano e você também é um ser humano, a capacidade natural para a empatia permite que você se projete. Você pode visualizar dessa maneira e pensar que essa criança não possui capacidade para alcançar o alívio de sua atual situação de dificuldade. Mentalmente, absorva todos os sofrimentos da fome, da pobreza e dos sentimentos de dificuldade. Depois, também mentalmente, conceda a essa criança seus privilégios, sucessos, riqueza e assim por diante. Ou seja, empenhe-se num relacionamento de dar e receber. Dessa maneira, você treina sua mente. Quando você faz a visualização de absorver, é útil visualizar os sofrimentos, problemas e dificuldades sob a forma de substâncias venenosas ou armas perigosas — coisas que, em circunstâncias normais, o fazem estremecer. Pode também visualizar animais cuja visão não suporta. Portanto, visualize por essas formas e absorva direto em seu coração. Ao realizar essa visualização de uma maneira eficaz, você vai sentir um ligeiro desconforto. É uma indicação de que está atingindo o alvo, isto é, a atitude egocêntrica que costumamos manter. Contudo, para as pessoas que podem ter problemas de auto-imagem, como ter raiva ou ódio de si mesmo, uma baixa auto-estima, é importante avaliar se esta prática específica é ou não apropriada. Pode não ser.

Perguntas

P: *Shantideva escreve como se a decisão de desenvolver bodhichitta ou seguir o caminho Bodhisattva fosse puramente do intelecto. Onde escutamos o coração?*

R: Encontramos no budismo três tipos de sabedoria, ou três estágios de compreensão. Primeiro, temos o estágio de ouvir ou aprender, o estágio inicial, quando se lê ou se ouve sobre alguma coisa. Depois, em decorrência, você desenvolve imediatamente algum senso de compreensão. O segundo estágio começa quando você, depois que aprendeu, depois que leu ou ouviu, passa a pensar no assunto constantemente. Através do pensamento e familiaridade, sua compreensão se torna mais clara. Você começa então a ter certos sentimentos ou experiências. O terceiro estágio é chamado de "sabedoria adquirida pela meditação". É quando você não apenas compreende o assunto em termos intelectuais, mas também se torna capaz de senti-lo através da experiência da meditação. Ou seja, há uma assimilação do conhecimento com a experiência.

No estágio inicial, você pode perceber uma espécie de diferença, ou hiato, entre o intelecto e o objeto de conhecimento. Mas no nível de sabedoria adquirida pela meditação, não há hiato; é o conhecimento através da experiência. Pode haver uns poucos casos excepcionais em que algumas pessoas não precisam passar por esse procedimento. De um modo geral, no entanto, para muitas práticas do Dharma, que não ocorrem naturalmente, precisamos de um esforço consciente, passando por esses estágios. Além disso, esses processos de compreensão tornarão o assunto muito mais ligado à experiência e mais próximo do coração, além de mais espontâneo.

É parecido com o caso dos nossos estados ilusórios, nossas emoções aflitivas. Embora as emoções aflitivas, em geral, ocorram naturalmente quando dirigidas para um objeto particular, por exemplo, quando temos raiva ou ódio de uma pessoa, se as deixamos de lado, sem pensar a respeito, há menos probabilidade de que se desenvolvam para um grau intenso. Mas se ficarmos pensando nas injustiças que cometeram contra nós, nas maneiras pelas quais fomos tratados injustamente, se não pararmos de pesar a respeito, isso alimenta o ódio e faz com que este se torne poderoso e intenso. Da mesma forma, quando você sente uma afeição por uma pessoa determinada, também pode alimentar isso pensando na beleza da pessoa, nas qualidades que você percebe. À medida que você persiste, a afeição se torna mais e mais intensa. Isso demonstra como as emoções aflitivas, através do constante pensamento e familiaridade, se tornam mais intensas e poderosas.

Como ressaltei antes, no estágio inicial temos a inteligência ou compreensão adquirida através de aprender ou ouvir. Isso também inclui a leitura. Depois, à medida que você pondera sobre o assunto, através do pensamento e análise, vai chegar a um ponto em que a compreensão começa a raiar. O termo tibetano é *nyam ogtu chupa* (*nyams 'og tu chud pa*), que significa você sentir como se tivesse absorvido o assunto. Há um senso de familiaridade, um senso de afinidade com o assunto, que não lhe parece mais estranho. Depois, enquanto você prossegue nesse processo de familiarização, vai chegar a um ponto em que desenvolve uma espécie de conhecimento através da experiência. Em linguagem técnica, isso é conhecido como "a experiência dependente do esforço". Esse tipo de experiência exige um esforço consciente, um empenho de sua parte. Mas à medida que você se aprofunda ainda mais no assunto, vai chegar pouco a pouco a um ponto em que sua experiência se torna espontânea, quase como uma segunda natureza. Não precisa mais passar por todo o processo de pensamento, não precisa mais empenhar um esforço consciente. No caso da compaixão, por exemplo, no qual antes você podia ter de passar por todo o processo de pensamento, de meditação, agora, a mera visão de um ser senciente em sofrimento vai acarretar um estado compadecido, espontâneo e genuíno.

Ou seja, há esse tipo de progressão de um estágio para outro. Não se deve ter a noção de que a espontaneidade da experiência da pessoa segue numa direção, enquanto a compreensão intelectual segue em outra muito diferente, como se fossem completamente separadas, sem qualquer relação. É uma concepção equivocada. Na verdade, qualquer compreensão ou experiência desenvolvida através desse processo, através da compreensão intelectual e do treinamento, torna-se muito estável e duradoura. Em comparação, pode haver casos em que você tem uma experiência espontânea que parece muito intensa e poderosa no momento. Mas se carece da base intelectual, não será estável. Depois de alguns dias, quando a experiência se desvanecer, você voltará ao seu eu normal, sem que a experiência tenha deixado um impacto mais profundo. Portanto, não é confiável.

Creio que pode haver níveis diferentes de experiência. Mas, de acordo com minha experiência pessoal, por exemplo, com bodhichitta, houve momentos em que as palavras pareciam apenas palavras. É claro que eu compreendia o significado das palavras no nível lingüístico, mas não havia muito sentimento. Em relação ao vazio, *shunyata,* ocorreu a mesma coisa. É claro que eu podia explicar alguma coisa sobre o significado do vazio, mas não havia muito sentimento associado. Mas pensei a respeito ano após ano, década após década. Eventualmente, quando eu pensava a respeito, essas palavras não eram meras palavras, pois havia algo mais.

P: *Como mãe de crianças pequenas e principal base de apoio de nossa família, minha vida cotidiana tem poucos momentos livres. Meu ambiente social é bastante secular, nem um pouco propício para a prática do Dharma, embora também não seja hostil. Sinto-me um tanto intimidada com as implicações de adotar a prática do Dharma, tendo em vista as minhas circunstâncias atuais. Mas quero promover mudanças positivas e aplicar esforço para o desenvolvimento da disciplina mental, bodhichitta e sabedoria. Que conselho o senhor daria para uma principiante fixar prioridades na prática, nessas circunstâncias?*

R: Mesmo em meu caso, se eu quisesse me queixar de alguma coisa, sempre poderia me queixar da falta de tempo. Sou muito ocupado. Mas se você fizer o esforço, pode sempre encontrar algum tempo — digamos, no início da manhã. Acho que também há outras ocasiões, como o fim de semana. Você pode sacrificar um pouco de sua diversão. Ou seja, se fizer o esforço e tentar com afinco, talvez possa encontrar algum tempo, digamos, meia hora de manhã e meia hora de noite. Talvez seja possível encontrar uma maneira de dispor de mais tempo. Mas sinto que é importante, em primeiro lugar, desenvolver uma compreensão geral, adquirir uma espécie de visão global do caminho budista básico.

Se pensamos a sério e se compreendemos a prática do Dharma, no verdadeiro sentido de seu significado, então devemos compreender o Dharma em termos de nosso estado mental, isto é, o estado psicológico e emocional. Não se deve limitar a compreensão do Dharma apenas a algumas atividades físicas ou verbais, como fazer recitação ou cânticos. Se sua compreensão da prática do Dharma se restringe a essas atividades, então é claro que você vai precisar de um tempo específico, um tempo reservado para a sua prática, porque não pode se ocupar em suas tarefas diárias, como cozinhar, enquanto recita mantras. Isso pode ser bastante desagradável para as pessoas ao seu redor. Mas se você compreende a prática do Dharma em seu verdadeiro sentido, então vai saber que se relaciona com o bem-estar psicológico e emocional. Assim sendo, você pode usar todas as vinte e quatro horas do dia para a sua prática.

Por exemplo, se você se encontra numa situação em que pode insultar alguém, imediatamente toma precauções e se abstém de fazê-lo. Da mesma forma, se você encontra uma situação em que pode perder a calma, seja cuidadosa e diga: "Não, este não é o modo apropriado." No fundo, isso é uma prática do Dharma. Por esse ângulo, você sempre terá tempo.

Da mesma forma, se você está meditando sobre a natureza transitória e momentânea dos fenômenos, há muitos exemplos ao seu redor para lembrar esse fato. Mas é importante primeiro estudar, porque sem o conhecimento é difícil praticar.

P: *O que o senhor diria a uma pessoa amada que está falando sobre uma terceira pessoa com ódio e raiva? Por um lado, o senhor quer demonstrar compaixão pelos sentimentos que a pessoa amada experimenta. Por outro lado, o senhor não quer reforçar ou conceder aprovação a esse ódio. O que se pode dizer?*

R: Eu gostaria de contar uma história. Houve um mestre de Kadampa chamado Gampowa que tinha muitas responsabilidades. Um dia ele queixou-se a outro mestre de Kadampa chamado

Dromtonpa que mal tinha tempo para a meditação ou a prática do Dharma. Dromtonpa concordou com ele: "Eu compreendo, porque também não tenho tempo." Depois de estabelecida a afinidade imediata, Dromtonpa acrescentou, com a maior habilidade: "Mas o que faço é a serviço do Dharma. Por isso, sinto-me satisfeito." Da mesma forma, se você encontra uma pessoa amada falando contra alguém por raiva ou ódio, talvez sua reação inicial deva ser a de concordância e simpatia. Depois que conquistou a confiança da pessoa, você pode dizer "Mas..."

P: *Neste dia histórico, com a assinatura do acordo de paz entre israelenses e palestinos, o senhor poderia fazer o favor de comentar esse evento tão importante e, talvez, oferecer uma bênção para a manutenção da paz no Oriente Médio, agora que o trabalho difícil começa?*

R: Comentei esta manhã que esse evento é uma coisa que deve ser louvada. Talvez estejam interessados em saber que escrevi cartas para o primeiro-ministro Rabin e para o líder da OLP, Yasser Arafat.

P: *Por favor, dê uma explicação mais completa para meios habilidosos.*

R: É bastante difícil. Há muitos níveis diferentes de métodos. Adquirir alguma compreensão sobre o que significa o fator de sabedoria é relativamente fácil. A compreensão de meios habilidosos é muito mais difícil, porque é muito variada e complexa.

Em termos gerais, pode-se definir meios habilidosos, ou aspecto do método do caminho, como aquelas práticas, meditações ou aspectos do caminho que estão associados principalmente com o lado convencional da realidade. Temos a realidade convencional e a realidade suprema; em outras palavras, a aparência e o vazio. E as técnicas, meditações e práticas que estão primariamente associadas com a suprema natureza da realidade, isto é, o vazio, podem ser descritas como o aspecto de sabedoria do caminho. Aquelas que lidam basicamente com o nível de aparência, com o aspecto convencional da realidade, podem ser mais ou menos definidas como meios habilidosos, ou aspecto do método.

Também constatamos que, de um modo geral, muitos aspectos dos meios habilidosos, ou aspectos do método do caminho, como amor, compaixão e assim por diante, não são cognitivos. Isto é, não são cognitivos na medida em que há um envolvimento maior com o lado afetivo ou emocional da psique. O aspecto da sabedoria tem mais um componente cognitivo, tem mais a ver com a apreensão ou compreensão. Contudo, é muito difícil oferecer uma descrição detalhada do que exatamente significa meios habilidosos.

P: *Um voto Bodhisattva diz para perdoar alguém que pede desculpas. E o perdão para alguém que não pede desculpas? É desejável solicitar um pedido de desculpas a alguém que nos fez mal? Qual é a ligação entre perdão e paciência?*

R: O motivo da recomendação para que os Bodhisattvas aceitem um pedido de desculpas é o fato de que a não-aceitação vai magoar a outra pessoa. Essa pessoa vai pensar: "Ele ainda não me perdoou." Portanto, isso é feito para proteger a outra pessoa, para evitar que se sinta magoada. Se a outra pessoa que lhe fez mal não apresentou um pedido de desculpas, então não há sentido em solicitá-lo. Afinal, você estaria suplicando que a pessoa peça desculpas. O que a deixaria ainda mais contrafeita.

P: *Tenho problemas para acreditar na reencarnação. Qual é o melhor método para me levar a acreditar?*

R: Isso é bastante compreensível, até mesmo para nós, tibetanos, que temos uma fé ou convicção muito forte na reencarnação ou renascimento. Mas se examinarmos o conteúdo de nossa convicção de uma forma cuidadosa e honesta, então a questão se torna problemática. Ao contrário da convicção na solidez dos objetos materiais ao nosso redor, em que há uma prova muito concreta de sua existência quando podemos até senti-los, em assuntos como o renascimento é muito difícil ter uma convicção concreta.

Contudo, mesmo entre as pessoas que são muito céticas do renascimento, ou que conscientemente negam sua existência, se você perguntar os motivos para a rejeição, ou os motivos para o ceticismo, vai ouvir a mesma resposta: "Eu não consigo acreditar."

De um modo geral, temos duas categorias principais de sistemas filosóficos: num lado, temos todo o grupo que adere à convicção na reencarnação ou renascimento; no outro, temos o grupo que não assume a convicção na reencarnação ou renascimento, e até nega sua existência. Mas, na realidade, se você verificar, não se pode dizer que o segundo grupo tenha encontrado uma prova que seja contrária à existência do renascimento; em vez disso, não encontraram qualquer prova confirmando a existência ou convicção. É importante poder distinguir entre não ter encontrado prova de alguma coisa e ter encontrado prova que refute. São duas coisas diferentes.

Precisamos compreender como usamos a prova ou evidência para provar ou refutar alguma coisa. Também temos de compreender a extensão de um tipo específico de raciocínio ou argumento. Por exemplo, há certos tipos de raciocínio que declaram que se um fenômeno assim existisse, então deveríamos ser capazes de encontrá-lo através de um determinado método de análise. Se o fenômeno pertence a essa categoria, então submeta-o à análise. Se não encontrá-lo, pode usar isso como evidência de que o fenômeno não existe; se existisse, você seria capaz de encontrá-lo através desses meios. Mas há outros tipos de fenômenos que podem não se enquadrar no alcance dessa forma de raciocínio.

Sobre a questão do renascimento, trata-se de uma coisa que precisa ser compreendida na base de um contínuo de consciência. Você não pode explicar com base na continuidade de sua existência corpórea, muito menos pelo que acontece com a consciência depois da morte. Mesmo quando você está vivo, é muito difícil identificar qual é exatamente a natureza da consciência, qual é o seu relacionamento com o corpo e se há ou não uma coisa separada chamada "consciência", que não é material. Ou a consciência é uma mera ilusão? E assim por diante. É uma área muito problemática, em que não há respostas claras e precisas, de acordo com a moderna disciplina científica.

Por outro lado, no entanto, também encontramos pessoas excepcionais, até mesmo hoje, que são capazes de recordar experiências de vidas passadas. Também verificamos que, através da meditação, algumas pessoas possuem certos tipos de experiências que são muito misteriosas.

Dia Quatro

PRIMEIRA SESSÃO

Nagarjuna presta homenagem ao Buda Shakyamuni, enaltecendo-o como o mestre que formulou a filosofia do vazio, segundo a qual todas as coisas e eventos carecem de existência intrínseca ou identidade intrínseca; e que, apesar de carecerem de identidade e existência, ainda funcionam com sua capacidade de produzir efeitos e assim por diante. Pode-se entender isso pela compreensão da natureza dependente ou interdependente da realidade. Nagarjuna homenageia o Buda Shakyamuni, que propôs a doutrina do vazio da realidade intrínseca ao ensinar a natureza dependente dos fenômenos.

De um modo geral, encontramos na literatura Madhyamika várias formas de raciocínio que visam a estabelecer a ausência de existência intrínseca e identidade intrínseca dos fenômenos. Incluem a tentativa de analisar como as coisas surgem em termos nominais e conceituais; ao examinarmos essa natureza, chegamos à conclusão de que as coisas carecem de realidade intrínseca. Além disso, encontramos as formas de argumentação conhecidas como "exame da identidade e diferença dos fenômenos". Também encontramos outros tipos de argumentos ou raciocínios que examinam os fenômenos pela perspectiva causal, isto é, pela perspectiva de sua capacidade de produzir efeitos e assim por diante.

Entre todas essas formas de raciocínio, no entanto, a mais poderosa é a do raciocínio da origem dependente, empregado por Nagarjuna. Quando uma coisa ou evento determinado é considerado, através de sua natureza de origem dependente, como desprovido de realidade, existência e identidade intrínseca, descobrimos que não estamos negando a existência dos fenômenos; estamos tentando compreender sua existência e identidade em termos de seus relacionamentos com outros fenômenos. Num certo sentido, pode-se dizer que a existência e a identidade afloram em relação a outros fenômenos.

O que há de tão singular nessa forma de raciocínio baseado na natureza interdependente da realidade, é o fato de que possui a capacidade de chegar ao "caminho do meio". É uma posição livre do extremo do absolutismo, porque não está ligada a algum tipo de realidade intrínseca; contudo, ao mesmo tempo, também está livre do extremo do niilismo, porque não nega a existência e identidade dos fenômenos. Aceita-se uma existência formal, que é dependente, que é emergente e que é compreendida em termos de sua interação e inter-relacionamento.

Assim, no *Ingresso no Caminho do Meio*, encontramos Chandrakirti declarando que, depois que a compreensão da existência e da identidade dos fenômenos é desenvolvida, com base na noção da natureza interdependente da realidade, e como identidade e existência são derivadas desse inter-relacionamento, isso permite à pessoa entender o conceito budista fundamental da causalidade, em que nossa compreensão da natureza da realidade deriva do reconhecimento da mera condicionalidade. Dessa maneira, é possível refutar a idéia de fenômenos sem produção e sem causa, porque as coisas passam a existir através da interação com outros fatores, em decorrência de causas e condições. E através dessa percepção sobre a natureza interdependente da realidade, também é possível refutar a idéia da criação por alguma espécie de ser absoluto e independente, porque se compreende a causalidade em termos de mera condicionalidade. Da mesma forma, é possível refutar a idéia de que uma coisa pode passar a existir como dependente de causas idênticas a ela, ou totalmente independentes dela. É possível se livrar de todos esses extremos e aceitar a idéia da causalidade em seu verdadeiro sentido.

Mas quando tentamos compreender o que significa mera condicionalidade, ou como coisas e eventos surgem em total dependência de outras causas e condições, há muitas áreas problemáticas que temos de lembrar.

Vamos tomar como exemplo nossos próprios agregados, os *skandhas.* Se examinarmos o contínuo do agregado mais sutil, a consciência, e também o senso do "eu", ou do "ego", vamos verificar que a identidade pessoal baseia-se no contínuo do agregado sutil, o senso geral do "eu" que é desprovido de qualificações, seja como um ser humano, como uma pessoa de origem étnica específica etc. Em suma, não há qualificação. O mero senso do "eu" ou mera identidade, aquele "eu" ou senso do ego que deriva do contínuo do agregado sutil, não tem princípio em relação a esse contínuo. Portanto, não se pode dizer que o "ego" ou "eu" associado à nossa identidade como um ser humano é específico de uma única vida. Não podemos dizer que é um ser humano; não podemos dizer que é um animal. Mas podemos dizer que é um ser.

Em termos do contínuo, podemos dizer que o eu junto com a base do senso do eu, que é o agregado sutil, deriva de seu momento anterior, que por sua vez deriva de um momento anterior e assim por diante, porque há um processo contínuo. Contudo, não podemos dizer que é um produto do karma, porque o karma, em termos de seu processo contínuo, não tem participação na continuação do processo. É simplesmente um fato natural que esse contínuo leva adiante.

Mas se examinarmos num nível um pouco mais rude, por exemplo, no nível da existência humana, então temos o corpo humano e a identidade humana, que levam a pessoa a dizer: "Sou um ser humano." Esse senso do eu, assim como os agregados em que a identidade se baseia, pode ser considerado um produto do karma. Isso acontece porque ao falarmos de "corpo humano" e "existência humana" estamos nos referindo à conseqüência ou fruto do karma positivo, as ações virtuosas acumuladas no passado. Portanto, o karma desempenha um papel.

Vamos verificar o caso de um corpo humano. Embora possamos dizer, de um modo geral, que é um produto do bom karma, se quisermos traçar a origem material, a causa substancial que é a origem material de nosso corpo, podemos fazê-lo através do princípio causal que é a instância anterior ou os fluidos regenerativos parentais, depois seguir mais e mais longe. Portanto, podemos traçar a origem material até um ponto — vamos tomar como exemplo este sistema universal específico — em que encontramos o espaço totalmente vazio. Segundo a cosmologia budista, antes da evolução de um sistema universal específico, todas as substâncias materiais eram inerentes ao que é conhecido como "partículas espaciais". Ou seja, em termos do processo do contínuo material, é um fato natural, uma lei natural, que o princípio causal impulsiona substâncias materiais para prosseguirem seu contínuo. Mais uma vez, não há papel para o karma aqui.

A questão agora é a seguinte: em que ponto, em que estágio, o karma entra em cena? No estágio do espaço vazio, as partículas espaciais prosseguirão no contínuo material, que darão origem a várias estruturas compostas de partículas, levando a uma estrutura molecular, segundo a teoria científica. Com uma complexidade cada vez maior, chegará um ponto em que a composição das partículas materiais fará uma diferença para os indivíduos que habitam o mundo. Em outras palavras, o material se tornará diretamente relevante para a experiência de dor e de prazer das pessoas. É nesse estágio, em minha opinião, que o karma começa a desempenhar um papel. Quero que vocês pensem a respeito dessas áreas problemáticas.

Por causa dessa complexidade, encontrarmos na literatura budista vários cursos de raciocínio e quatro princípios fundamentais, que acredita-se estarem arraigados no mundo natural. Os três primeiros são o princípio da lei natural, o princípio da dependência e o princípio das funções. Depois, com base nesses três princípios, pode-se aplicar a lógica ou raciocínio: esse é o princípio da prova lógica. A menos que haja certas bases que possam ser usadas, não é possível adquirir o raciocínio ou a lógica.

Pode-se dizer que a razão pelas quais podemos avaliar as leis da química é porque há determinados princípios, conhecidos como "o princípio da dependência" e "o princípio das funções". Quando determinadas substâncias materiais interagem, dão origem a propriedades emergentes. Isso nos permite avaliar as funções que podem ser realizadas coletivamente, através da interação. Assim, podemos avaliar as leis da química.

Cabe aqui uma pergunta: "Por que há no mundo natural, como se fossem fatos determinados, o reino material e o reino mental — o reino espiritual ou reino da consciência?" Não há uma resposta racional. É apenas um fato.

À luz dessas considerações filosóficas, chegamos à conclusão de que as coisas e eventos, em última análise, carecem de existência intrínseca ou identidade intrínseca. Só possuem existência e identidade em relação a outros fatores, causas e condições. Portanto, a percepção que apreende coisas e eventos como tendo uma existência intrínseca, possuindo uma identidade e posição intrínseca, é um estado de ignorância. Na verdade, é um estado de conceito equivocado. Assim, ao gerarmos percepção sobre a natureza vazia dos fenômenos, poderemos ver diretamente através da ilusão desse conceito equivocado. Afinal, essa concepção se opõe diretamente ao estilo de absorção do conhecimento errado. Em conseqüência, esse estado mental distorcido pode ser removido ou eliminado. Por esse motivo, acredita-se que não apenas a ignorância, como também os estados ilusórios derivados, enraizados nesse estado fundamental de ignorância, podem ser removidos.

Levando essa discussão adiante, Maitreya, em seu *Sublime Contínuo,* dá três razões sobre a base em que se pode concluir que o estado búdico impregna as mentes de todos os seres sencientes. Primeiro, ele diz que as atividades do Buda irradiam-se no coração de todos os seres sencientes. Isso pode ser compreendido de maneiras diferentes. Primeiro, é a de que em cada ser senciente há uma semente de virtude e que se pode considerar a semente de virtude como um ato do Buda completamente iluminado e compadecido. Mas pode-se perceber também, em termos mais profundos, que todos os seres sencientes possuem o potencial para a perfeição. Portanto, há uma espécie de ser aperfeiçoado inerente em todos os seres sencientes, irradiando-se. Segundo, no que se relaciona com a suprema natureza da realidade, há uma total igualdade entre o estado samsárico e o nirvana. Terceiro, todos possuímos uma mente que carece de realidade intrínseca e existência independente, o que nos permite remover os aspectos negativos e os estados ilusórios que a obscurecem. Por esses motivos, Maitreya conclui que todos os seres sencientes possuem a essência do estado búdico.

Contudo, para ativar essa semente inerente em nosso coração ou mente devemos desenvolver a compaixão. Através do cultivo da compaixão universal a pessoa será capaz de ativar essa semente, o que a torna mais inclinada para o caminho Mahayana. Para isso, a prática da paciência e da tolerância é crucial. Assim, vamos voltar ao tema da paciência.

(112) Portanto, o Poderoso disse
Que o campo dos seres sencientes é como o campo do Buda,
Pois muitos que os agradaram
Assim alcançaram a perfeição.

Por causa de seres sencientes, como o inimigo que causa injúria e mágoa, a pessoa tem a oportunidade de praticar a paciência e a tolerância, acumulando grandes reservas de mérito. Buda falou do campo dos Budas e do campo dos seres sencientes como campos para se acumular mérito. São "campos" no sentido de servirem como fontes ou fundações em que podemos acumular mérito.

(113) As qualidades de um Buda são adquiridas
De seres sencientes e Conquistadores,
Então por que não respeito os primeiros
Como respeito os Conquistadores?

No versículo 112, Shantideva declara que as pessoas que compreendem esse fato e agradam aos seres sencientes alcançarão assim a perfeição. Assim sendo, constatamos que tanto os Budas, os seres plenamente iluminados, quanto os seres sencientes, são iguais em termos de serem fatores ou condições que nos levam à perfeição.

Por que, então, discriminamos entre os dois e reverenciamos os Budas, os plenamente iluminados, e não os seres sencientes? Por que não reverenciamos e respeitamos os seres sencientes, reconhecendo sua contribuição?

Na verdade, se examinarmos este ponto com todo cuidado, vamos descobrir que há mais oportunidades para acumular grandes reservas de mérito através das interações com os seres sencientes do que pelas interações com o Buda. Em relação ao Buda, podemos acumular mérito ao gerar fé e confiança, ao fazer oferendas e assim por diante. Mas muitas das práticas que podem aumentar nosso acúmulo de mérito só ocorrem em relação aos outros seres sencientes. Isso é verdade até mesmo em termos de alcançar um renascimento favorável no futuro, para o que precisamos praticar e ter um modo de vida com disciplina ética, em que impedimos que o corpo, a fala e a mente se entreguem a ações negativas ou não-virtuosas, como matar, ter mau comportamento sexual, roubar, mentir e assim por diante. Todas essas ações dependem de outros seres; não podemos praticá-las no vácuo.

Além disso, quando obtemos uma forma favorável de existência, como um corpo humano, até mesmo muitas qualidades do corpo que consideraríamos desejáveis, como uma aparência agradável, ter riqueza material e outras, também são conseqüências de feitos virtuosos. Por exemplo, uma aparência agradável é a conseqüência da paciência e da tolerância, enquanto a riqueza material é a conseqüência da prática da generosidade. Mas mesmo essas práticas só são possíveis quando há outros seres sencientes. Não podem ocorrer num vácuo.

É o que acontece com o propósito limitado de obter um renascimento favorável; é ainda mais verdadeiro em termos do caminho para alcançar a plena liberação do samsara, em que precisamos praticar muitas outras coisas. Por exemplo, a fim de alcançar a plena iluminação, precisamos praticar amor, compaixão e muitos outros aspectos do caminho. Em tudo isso, constatamos que se não houver uma interação com outros seres sencientes, não há possibilidade de sequer começar.

Portanto, se compararmos os Budas e os seres sencientes em termos de sua contribuição para a nossa aquisição de reservas de mérito, vamos constatar que os seres sencientes oferecem uma contribuição maior do que os Budas.

Agora, vamos pegar o exemplo de gerar percepção sobre a natureza do vazio. Essa sabedoria é muito poderosa, algo que os praticantes devem aspirar. Mas se essa percepção não é complementada com o fator do método, isto é, de bodhichitta, então por mais poderosa que a compreensão do vazio possa ser, talvez nunca alcance um estágio em que possa servir diretamente como um antídoto para eliminar as obstruções ao conhecimento.

Até mesmo para desfrutar uma vida convencional alegre e feliz, como ressaltei antes, precisamos de certos fatores como uma saúde boa. Aqui também os outros seres sencientes desempenham um papel importante, porque é preciso adquirir o mérito necessário para se ter uma boa saúde. Se examinarmos a fundo as facilidades materiais que usamos para aproveitar a vida, vamos descobrir que não há praticamente objetos materiais que não tenham sua fonte em outras pessoas. Todas essas facilidades, em última análise, são o resultado dos esforços de muitas pessoas; de forma direta ou indireta, inúmeras pessoas estão envolvidas no processo que as possibilita.

Da mesma forma, para desfrutar uma vida feliz, precisamos de bons companheiros, um círculo de amigos. Quando falamos sobre amigos e companheiros, falamos de interação com outros seres humanos. Embora os relacionamentos possam envolver dificuldades, como discussões e desavenças, mesmo assim devemos nos empenhar em manter amizades e levar um modo de vida em que haja bastante interação com os outros, a fim de sermos felizes. Portanto, constatamos que até esses três fatores — boa saúde, bens materiais e amizades — estão inextricavelmente ligados aos esforços e cooperação de outras pessoas.

Por isso, se pensarmos nessas linhas, vamos verificar que não apenas em nosso estado ordinário, como também quando nos encontramos no caminho, ou quando alcançamos o estado búdico resultante, os seres sencientes parecem ter uma contribuição maior, embora os Budas sejam seres iluminados, muito sagrados e preciosos, realizados em termos de bondade e de sua contribuição para o nosso bem-estar. Portanto, devemos ser mais gratos aos seres sencientes do que aos Budas.

Por outro ponto de vista, podemos compreender que os Budas, os seres plenamente iluminados, aperfeiçoaram de forma completa sua auto-realização. Assim, de um modo geral, eles nada têm a fazer a não ser servir aos seres sencientes. De certo modo, é seu dever. Não é nada que se deva admirar, que possa causar surpresa: os Budas trabalham em benefício de todos os seres sencientes. Contudo, quando consideramos os seres sencientes, com todas as suas fraquezas, defeitos e estados ilusórios da mente, emoções aflitivas e assim por diante, mesmo com essas restrições, não podemos subestimar sua contribuição para o nosso bem-estar. Assim, devemos nos sentir ainda mais gratos a eles.

Pode-se pensar nessas linhas e indagar: "Quem são mais generosos para nós, os Budas ou os seres sencientes?" Em resposta, as declarações apresentadas no *Guia para o Modo de Vida do Bodhisattva*, quando se pensa bastante a respeito, não são realmente exageros.

Mas o que se quer dizer quando se fala na igualdade entre os Budas e os seres sencientes? Shantideva diz que a igualdade não é em termos de realização, mas sim em termos de serem indispensáveis para o nosso empenho em acumular mérito e alcançar a luz. Sob esse aspecto, os Budas e os seres sencientes são iguais.

(114) Eles não são similares na qualidade de suas intenções,
Mas apenas nos frutos (que produzem);
Sob esse aspecto possuem excelentes qualidades
E por isso são considerados iguais.

(115) Qualquer mérito de venerar alguém com a mente afetuosa
Decorre da eminência dos seres sencientes.
Da mesma forma, o mérito de ter fé em Buda
Decorre da eminência de Buda.

(116) Por isso se assevera que eles são iguais
Em sua participação para instituir qualidades de Buda.
Mas nenhum deles é igual, em boas qualidades,
Aos Budas, que são oceanos ilimitados de excelência.

(117) Mesmo que os três reinos fossem oferecidos,
Ainda seria insuficiente para prestar veneração
Aos poucos seres em que há uma quota de boas qualidades,
Na Assembléia Extraordinária de Excelência.

(118) Como os seres sencientes participam
Da geração das supremas qualidades de Buda,
É sem dúvida correto venerá-los,
Já que são iguais sob esse aspecto?

Nestes versículos, Shantideva ressalta que se considerarmos bodhichitta e um bom coração como objetos dignos de veneração, também deveremos considerar os seres sencientes como dignos de veneração, porque bodhichitta e um bom coração provêm da grandeza dos seres sencientes. Se considerarmos os méritos adquiridos pela fé no Buda como virtuosos, isso é decorrente da grandeza do Buda. Portanto, os Budas e os seres sencientes são considerados iguais. Na verdade, a contribuição dos seres sencientes não pode ter retribuição ou reciprocidade, mesmo que oferecêssemos bens materiais preenchendo todos os três reinos dos Budas. Ele conclui que, do ponto de vista da generosidade em relação a nós, há uma base adequada para venerarmos e respeitarmos os seres sencientes.

(119) Além do mais, como retribuir (aos Budas)
Que dispensam um benefício incomensurável
E que ajudam ao mundo sem qualquer pretensão
Que não a de agradar aos seres sencientes?

(120) Portanto, como beneficiar esses seres compensa
Os que sacrificam seu corpo e por eles entram no inferno profundo,
Vou me comportar de forma impecável em tudo que eu fizer,
Mesmo que eles me causem um mal intenso.

(121) Quando os que são meus Senhores
Não têm consideração por seus corpos,
Por que eu, o tolo, devo ser tão presunçoso?
Por que não ajo como um servo em relação a eles?

(122) Os Conquistadores ficam contentes por sua felicidade.
Mas se são prejudicados se tornam insatisfeitos.
Assim, por agradá-los, dou prazer aos Conquistadores;
Ao prejudicá-los, deixo os Conquistadores magoados.

Nestes quatro versículos, Shantideva argumenta que se queremos mesmo retribuir a generosidade dos Budas e venerá-los, não há melhor maneira do que agradar aos seres sencientes. Na verdade, o bem-estar e os interesses dos seres sencientes são muito importantes para os plenamente iluminados. Portanto, se alguém serve aos seres sencientes, os Budas ficarão satisfeitos; e se alguém os magoa, os Budas se sentirão contrariados. Assim, se alguém quer agradar aos Budas através de ações meritórias, a melhor maneira é dispensar respeito e reconhecer a generosidade de outros seres sencientes. Shantideva resume isso ao dizer:

(123) Assim como objetos desejados não me trariam prazer
Se meu corpo estivesse ardendo em chamas,
Também quando criaturas vivas sentem dor,
Não é possível que os Compadecidos fiquem satisfeitos.

Os três versículos seguintes dizem:

(124) Como já causei o mal a outros seres vivos,
Hoje admito francamente os feitos indignos
Que causam desprazer aos Compadecidos.
Por favor, perdoem o desprazer causado.

(125) Daqui por diante, a fim de agradar aos Tathagatas,
Servirei ao universo e cessarei por completo (de causar mal).
Embora muitos seres possam me chutar e me acertar na cabeça,
Mesmo ao risco de morrer, não vou retaliar, agradando aos Protetores do Mundo.

(126) Sem dúvida, aqueles com a natureza de compaixão
Consideram todos esses seres como sendo iguais.
Os que vêem (essa natureza de Buda) como a natureza dos seres sencientes, vêem os próprios Budas?
Por que então eu não respeitaria (os seres sencientes)?

Depois, ele conclui:

(127) (Agradar seres vivos) satisfaz os Tathagatas
E também serve para realizar meu propósito.
Mais ainda, dissipa a dor e o sofrimento do universo.
Portanto, é uma coisa que devo sempre praticar.

Essas práticas e reflexões podem também ser aplicadas por aqueles que acreditam no conceito da criação e do Criador, substituindo os Budas ou seres plenamente iluminados por Deus. Isso acontece porque se a pessoa está mesmo empenhada em levar uma vida de acordo com os desejos de Deus, uma vida que agradaria a Deus e projetaria seus princípios, então a verdadeira indicação da intenção se manifestaria na maneira de lidar com os outros seres sencientes, pelo menos com seus semelhantes. Ou seja, o ideal de amar a Deus deve se traduzir no comportamento em relação aos outros seres humanos.

Na visão cristã, o relacionamento de uma pessoa com Deus ocorre na estrutura de uma única vida. Não há noção de vidas anteriores, mas sim a convicção de que a vida de uma pessoa é criada por Deus. Como resultado, há menos distância e uma espécie de intimidade no relacionamento. Quando se aplica essas práticas nessa estrutura, há com certeza um efeito determinado, bastante poderoso, regendo o comportamento e o modo de vida.

Lerei agora os versículos restantes:

(128) Por exemplo, se alguns homens do rei
Causarem mal a muitas pessoas,
Os mais sagazes não retribuiriam o mal
Mesmo que fossem capazes.

(129) Porque sabem que eles não estão sozinhos,
Sendo apoiados por todo o poder do rei.
Da mesma forma, não devo subestimar
Os seres fracos que me causam pouco mal.

(130) Pois eles têm o apoio dos guardiões do inferno
E de todos os Compadecidos.
Devo me comportar como os súditos do rei,
Agradando a todos os seres sencientes.

(131) Mesmo que esse rei se tornasse irado,
Seria capaz de causar a dor do inferno,
Que é o fruto que eu teria de experimentar
Por desagradar os seres sencientes?

(132) E mesmo que esse rei fosse generoso,
Não poderia me conceder o estado búdico,
Que é o fruto que obterei
Por agradar aos seres sencientes.

(133) Por que não posso perceber
Que alcançar o estado búdico no futuro,
Além da glória, renome e felicidade nesta vida,
Tudo vem de agradar aos seres sencientes?

O versículo final é o seguinte:

(134) Na existência cíclica, a paciência traz
Beleza, saúde e renome.
Por isso viverei por bastante tempo
E ganharei o grande prazer dos Reis do Chakra universal.

Assim termina "Paciência", o sexto capítulo do *Guia para o Modo de Vida do Bodhisattva*, de Shantideva.

Meditação

Vamos meditar sobre a ausência de pensamento — mas não um mero estado de obtusidade, um estado mental "apagado". Em vez disso, você deve primeiro gerar a determinação exigida para manter um estado de ausência de pensamento. De um modo geral, a mente tem uma orientação predominante para objetos externos. A atenção e o foco seguem as experiências sensoriais e permanecem num nível sensorial e conceitual. Assim, retire sua mente para dentro, não a deixando ir atrás de objetos sensoriais. Ao mesmo tempo, não se deve ter um retiro total, ao ponto da obtusidade. Mantenha um estado de alerta e percepção. Depois, tente ver esse estado natural de sua consciência, em que não é afligida por pensamentos do passado, coisas que aconteceram, lembranças e assim por diante; também não deve ser afligida por pensamentos sobre o futuro, como planos, expectativas, medos e esperanças. Em vez disso, tente permanecer no estado natural.

É um pouco como um rio que corre impetuoso, não permitindo que se veja com clareza o seu leito. Se houvesse alguma maneira de interromper o fluxo de onde a corrente vem e para onde vai, então você poderia manter a água parada e ver o leito com nitidez.

Da mesma forma, quando você é capaz de evitar que a mente corra atrás de objetos sensoriais, quando pode evitar que a mente fique totalmente "apagada", então começará a perceber que por trás da turbulência dos processos de pensamento há uma profunda serenidade, uma tremenda lucidez. Você deve tentar fazer isso, embora seja muito difícil no estágio inicial. Especialmente no início, já que não há objeto específico para focalizar, há o perigo de adormecer.

No estágio inicial, quando você começar a experimentar o estado natural de consciência, será na forma de uma espécie de vácuo, ausência, ou vazio. Isso acontece porque estamos tão habituados a compreender a mente em termos de objetos externos que tendemos a olhar para o mundo através de nossos conceitos, imagens e assim por diante. Assim, quando você retira a mente de objetos externos, é quase como se não pudesse reconhecê-la. Há uma espécie de ausência, uma espécie de vácuo. Mas, à medida que você progride, pouco a pouco vai se acostumando e começa a perceber uma claridade latente, uma certa luminosidade. É nesse momento que você começa a reconhecer e compreender o estado natural da mente.

Mas esse estado não deve ser confundido com a compreensão do vazio, ou meditação sobre o vazio. Também não se deve ter a ilusão de que é uma experiência meditativa muito profunda. É uma coisa que budistas e não-budistas têm em comum, em particular as meditações com altos níveis de concentração, que são tecnicamente chamadas de "estados informes da mente", uma consciência espacial, ilimitada, infinita. Esses são vários níveis de consciência em que há uma espécie de determinação e estabilidade, em que a estabilidade é ainda mais poderosa. Mas, repito, não são estados meditativos profundos. É verdade, no entanto, que muitas das experiências meditativas profundas vêm de uma base de serenidade da mente.

Inicie a meditação com um exercício de respiração simples. Focalize a narina esquerda e a narina direita, respire fundo três vezes, focalize a atenção só na respiração. Apenas esteja consciente de aspirar e expirar, três vezes. Depois, inicie a meditação.

Perguntas

P: *Sua Santidade e outros mestres advertem-nos para sentir uma alegria sincera pelas realizações materiais, felicidade e aquisições dos outros, como foi ressaltado no capítulo seis de Shantideva e em* O Caminho para a Felicidade. *Se, no entanto, sabemos com certeza que uma pessoa adquiriu ou realizou alguma coisa por meios não-habilidosos ou não-virtuosos, como mentir, roubar, enganar, fazer mal, de que maneira essa felicidade será experimentada e expressa por ela?*

R: Você tem razão sobre a atitude em relação aos sucessos superficiais que são alcançados por meios errados, como mentir, roubar, enganar e assim por diante. Não deve ser a mesma que se adota para as realizações e felicidade genuínas. Contudo, você deve ter em mente que, se examinar a situação com todo cuidado, vai descobrir que as circunstâncias imediatas que deram origem à alegria e à felicidade de uma pessoa podem ter sido os meios errados, mas não passam de circunstâncias imediatas: a causa de fato da felicidade está no mérito da pessoa no passado. Ou seja, é preciso perceber a diferença entre circunstâncias imediatas e causas a longo prazo.

Uma das características da teoria kármica é a de que há um relacionamento definido e mensurável entre causa e efeito. Não há possibilidade de que ações negativas ou feitos perniciosos possam resultar em alegria e felicidade. Por definição, alegria e felicidade são os resultados ou frutos de ações saudáveis. Portanto, por esse ponto de vista, é possível admirar não tanto a ação imediata, mas sim as verdadeiras causas da alegria.

P: *Em casos de injustiça, devemos aceitá-los e usá-los para nossa paciência ou tentamos mudar a estrutura da sociedade que os causou? Onde está o equilíbrio?*

R: Claro, com toda certeza, você deve tomar a iniciativa para mudar a situação. Não tenho a menor dúvida quanto a isso.

O ensinamento de Shantideva, embora escrito há muitos séculos, deve ser considerado como uma fonte de força para hoje, a fim de mudar nossa sociedade. Shantideva não nos aconselha a permanecermos totalmente submissos e passivos, a não fazermos nada. Em vez disso, devemos gerar paciência e tolerância, e usar isso como uma força para mudar a situação.

P: *Depois que alguém me enganou, lembro disso, fico pensando a respeito mais tarde, sinto raiva muitas vezes. O que posso fazer para evitar que isso aconteça?*

R: Como sempre ressalto, ao pensar na pessoa que lhe causou mal, procure vê-la por um ângulo diferente. Com toda certeza, a pessoa terá várias outras qualidades positivas. Além disso, se examinar com cuidado, vai descobrir que o evento a que inicialmente reagiu com raiva também lhe proporcionou certas oportunidades, que de outra forma não seriam possíveis. Ou seja, pode-se ver um único evento por vários ângulos diferentes. Mas se, apesar de seus esforços, não encontrar tais perspectivas no ato específico da pessoa, então o melhor curso, pelo menos no momento, pode ser o de tentar esquecer.

P: *Sua Santidade poderia se aprofundar nos comentários sobre a relação entre a compreensão do vazio, origem dependente e paciência? A prática da paciência sem a compreensão do vazio e da origem dependente sempre permanece superficial?*

R: O significado da palavra "superficial" pode ser visto por diferentes perspectivas. Da perspectiva de um nível de prática mais profundo, qualquer prática de paciência divorciada do fator complementar de sabedoria e compreensão do vazio permanecerá superficial, porque pode não eliminar por completo a raiva e o ódio. Contudo, isso não significa que devemos esperar até a compreensão do vazio para começar a praticar a paciência. Não é essa a implicação.

Está mencionado até na literatura Mahayana que são muitos os Bodhisattvas que têm muitas realizações, mas nenhuma compreensão do vazio. O problema é que poderia ser difícil encontrar um Bodhisattva assim, se fôssemos procurá-lo. Entre os tibetanos, há algumas pessoas que possuem uma profunda experiência de bodhichitta. Entre os meus amigos, há um que alcançou um estado de serenidade permanente. Segundo ele, esse estado foi alcançado em quatro meses, o que é extraordinário. Mas, por outro lado, ele me disse que tem dificuldade para desenvolver a bodhichitta. Por isso, não demonstra maior interesse pelo Tantrayana. É que a prática de Tantrayana não tem sentido sem a bodhichitta. Em minha conversa com ele, discuti a prática mais a fundo. Porque nos tornamos grandes amigos, ele me falou de suas experiências. De outra forma, essas pessoas nunca aparecem. Pessoas como eu, que não têm experiência, às vezes gostam de aparecer.

P: *É possível para um discípulo ter um mestre tibetano, e só se encontrar com esse mestre uma ou duas vezes por ano?*

R: É perfeitamente possível. Mas, como eu ressaltei antes, é crucial que a pessoa possua as qualificações mínimas como mestre. Também é importante reservar apenas as perguntas mais importantes para o mestre, sem perder tempo com perguntas tolas.

P: *Se certas condições, ilusões ou influências levam uma pessoa a causar mal aos outros e/ou agir irracionalmente, é justificado que essa pessoa seja punida ou aprisionada por outros pela ação que cometeu?*

R: Creio que é importante aqui fazer distinções entre punição na forma de prevenção e punição apenas com retaliação pelo ato cometido. Parece-me que há justificativas para punir alguém como um meio de prevenir ações similares no futuro.

Isso me lembra a pena de morte. Acho que é muito triste que ainda exista. Algumas nações proibiram a pena de morte. E isso é muito bom.

P: *Nas grandes cidades, muitos dos que encontramos todos os dias são estranhos, que vemos uma só vez e nunca mais. Há muita indiferença. Existe alguma técnica especial de compaixão para esse tipo de breve encontro?*

R: A fim de gerar um sentimento de compaixão e amor em relação a outra pessoa, não se pressupõe que você precisa conhecê-la melhor. Se fosse esse o caso, então não seria possível gerar compaixão universal, devido a quantidade de seres sencientes, até você se tornar plenamente iluminado.

É a mesma coisa que gerar a compreensão da natureza dinâmica e transitória de todos os fenômenos. Se essa compreensão exigisse ter conhecimento de cada uma e todas as coisas e eventos, então seria impossível. Mas é possível, através de uma perspectiva universal, perceber que todas as coisas e eventos que passam a existir, em decorrência de causas e eventos, são impermanentes e transitórios, e assim por diante. Ou seja, você pode adotar uma perspectiva mais universal e depois compreender sua natureza impermanente. Da mesma forma, você pode pensar que todas as experiências que são produtos de ações contaminadas são, em última análise, insatisfatórias. Para essa compreensão, você não precisa ter cada uma e todas as experiências, pensando: "Isto é insatisfatório, isto é insatisfatório, isto é insatisfatório". Você pode gerar essa compreensão de uma maneira mais universal.

Da mesma forma, você pode gerar compaixão por todos os seres sencientes de uma maneira universal, pensando que todos os seres que possuem capacidade para sentir dor e prazer, que consideram sua vida como preciosa, têm um desejo inato e instintivo de serem felizes e superarem o sofrimento. Assim, desejo que eles realizem essa aspiração e que eu possa ajudá-los. Dessa maneira, a pessoa pode gerar uma compaixão universal.

P: *Se alguém estuda e pratica Lamrim e Dzogchen, há uma necessidade ou propósito na Yidam Ioga ou Anuttara Tantra Ioga?*

R: Para se empenhar na meditação de Dzogchen, é preciso ter uma habilitação e bênçãos preliminares, que estão associadas com as práticas da Tantra Ioga Superior. Portanto, sem a prática da Tantra Ioga Superior, você não pode assumir uma prática bem-sucedida de Dzogchen. É possível que alguns mestres, quando dão instruções sobre Dzogchen e as práticas preliminares, não identifiquem que essa prática pertence a um tantra específico. Contudo, quando se considera as distinções entre *Maha, Anu* e *Ati*, as três iogas interiores na terminologia Nyingma, a pessoa tem de compreender que as três divisões são dentro da Tantra Ioga Superior.

P: *Sua Santidade explicaria o papel da solidão para alcançar a iluminação? Como é semelhante a um ambiente monástico?*

R: Na verdade, alguns mosteiros são muito ativos e movimentados, talvez até demais. No passado, havia grandes meditadores vivendo nos mosteiros, alguns sendo conhecidos de amigos meus. A fim de se empenharem numa prática mais intensiva, de uma maneira mais isolada, uma das técnicas usadas por esses meditadores era a de combinar um sistema particular de bater na porta, antes de abrirem por dentro. Dessa maneira, podiam manter a privacidade e solidão que procuravam. Alguns desses meditadores avançaram até um nível muito elevado de compreensão. Houve até quem alcançasse o que é chamado de estágio de perfeição na Tanta Ioga Superior.

A palavra tibetana para mosteiro é *gompa,* que etimologicamente contém a idéia de que é um lugar de solidão, fora da cidade. Por causa disso, no Tibet, em alguns mosteiros, havia regulamentos rigorosos. Não se podia ter cachorros dentro do mosteiro, porque eles latiam e faziam barulho. Não se podia sequer tocar sinos para propósitos rituais. Não se podia tocar tambores. Os únicos sons eram de pessoas discutindo o Dharma, em pátios de debates. Afora isso, havia a proibição rigorosa de quaisquer atividades que fizessem barulho.

Hoje em dia, infelizmente, parece que as pessoas têm a impressão de que um mosteiro não é completo se não houver performances rituais, como alguém batendo em tambores, tocando címbalos, fazendo sinos ressoarem. É uma impressão muito errada e lamentável. Os mosteiros devem ser lugar de meditação e de autodisciplina na meditação. Sem isso, é como qualquer outra instituição.

P: *O que devo considerar ao tentar decidir se devo fazer os votos de Bodhisattva neste momento? Quero evitar as quedas e praticar as seis perfeições, mas me pergunto se sou capaz.*

R: Amanhã celebrarei a cerimônia de votos de Bodhisattva, precedida de uma cerimônia de gerar bodhichitta, que é diferente de fazer os votos. No seu caso, pode ser mais aconselhável não tomar os votos de Bodhisattva, mas sim gerar bodhichitta.

Não conheço sua situação específica. Mas se é alguém que teve exposição ao budismo em geral e, em particular, ao Budismo Mahayana, se pensou muito a respeito das práticas Mahayana, pode ser diferente. Caso contrário, se é a primeira vez que está sendo exposto a esse tipo de prática, a prática Bodhisattva, então talvez seja mais sensato não fazer os votos de Bodhisattva neste momento.

P: *O que a sangha deve fazer, em termos coletivos e individuais, para servir aos outros?*

R: É uma questão muito difícil, porque não há um sistema de apoio estabelecido e confiável para os monges e monjas no Ocidente. Assim, é um problema a que devemos dispensar muita atenção, pensar bastante a respeito. Contudo, em termos individuais, se monges e monjas podem fazer qualquer contribuição à sociedade em geral, então isso é admirável e maravilhoso. Afinal, esse é o propósito do empenho espiritual de uma pessoa.

Como nossos irmãos e irmãs cristãos: os monges e freiras cristãos estão intensamente envolvidos e empenhados no serviço à sociedade, em grande parte no campo da educação, mas também no campo da saúde. Isso é realmente maravilhoso. Tradicionalmente, entre os monges e monjas budistas, esse tipo de prática ainda é mínimo. Por isso, quando chegamos à Índia — no início de 1960 ou 1961, se bem me lembro — recomendei às autoridades de nossos mosteiros que os monges e monjas realizassem mais trabalho nessas duas áreas. Até agora, porém, a reação tem sido mínima.

Temos de pensar também nos monges e monjas budistas no Ocidente. Embora haja algumas instituições aqui e ali, na Europa e na Austrália, e em vários outros lugares, ainda existem algumas dificuldades. É claro que levará tempo.

Por isso, admiro de fato os monges e monjas ocidentais que mantêm seus votos e seu entusiasmo, apesar de todas as dificuldades. Em março passado, tivemos uma reunião muito proveitosa em Dharamsala; muitas monjas também participaram e algumas estão aqui. Explicaram suas dificuldades. Os relatos me fizeram chorar. Elas são muito eficientes no trabalho de alcançar os corações da audiência.

P: *Poderia dar um conselho à pessoa que chega ao budismo tarde da vida, e começa a praticar e estudar a complexidade das escrituras?*

R: Não se preocupe. Temos um precedente histórico aqui, do qual você pode extrair força e estímulo. Durante o tempo do Buda, havia um chefe de família chamado Pelgye. Aos oitenta anos, ele passou a ter um profundo interesse pela prática do Dharma. Em conseqüência, foi insultado e escarnecido pelos filhos e netos. Finalmente, renunciou à vida como chefe de família e ingressou numa ordem monástica. E mesmo com oitenta anos adquiriu altos níveis de compreensão.

Quando meu principal tutor, Ling Rinpoche, tornou-se o abade do mosteiro de Gyuto, seu antecessor imediato era um grande estudioso e extraordinário monge. Até completar vinte e cinco anos, ele era um dos *dop dops*, ou "monges estúpidos". Eles nunca estão interessados em aprender ou estudar, mas apenas em se divertir, em ir de um lado para outro. Chamamos esse tipo de monge de *dop dop*. Às vezes eles também criam problemas, não apenas no mosteiro, mas também na cidade; às vezes até brigam. Podem até usar espadas, o que é muito estúpido, muito desagradável.

Pois esse monge foi assim até os vinte e cinco anos de idade. Depois, mudou por completo, concentrando toda a sua energia no estudo. Tornou-se um estudioso destacado. Histórias assim devem lhe proporcionar mais esperança.

Creio que muitos dos grandes mestres do passado enfrentaram inúmeras dificuldades no início da vida e na família. Depois, aos trinta, quarenta, cinqüenta anos, começaram a prática séria e se tornaram grandes mestres. São muitas as histórias. Na velhice, a situação física declina, mas o cérebro humano ainda continua a funcionar.

Além disso, na fé budista, temos a teoria do renascimento. Diante dessa convicção no renascimento, nenhum momento é tarde demais no budismo. Se você começa apenas um ano antes de sua morte, os frutos do seu esforço não serão desperdiçados, porque há o renascimento. Eles serão levados e continuarão na próxima vida.

O grande Sakya Pandita Kunga Gyaltsen disse que o conhecimento é algo que precisa ser desenvolvido, que precisa ser adquirido, mesmo que seja certo que você vai morrer amanhã. Você pode recuperá-lo em sua próxima vida, como se tivesse pedido a alguém que o guardasse.

Contudo, para as pessoas que não acreditam no renascimento, esses argumentos são bastante tolos.

P: *Sua Santidade, explique, por favor, o conceito da oração no budismo. Para quem ou o que as orações são dirigidas, já que não há nenhum Criador?*

R: Há dois tipos de orações. Creio que as orações, de um modo geral, são meros lembretes, em sua prática cotidiana. Assim, os versículos se parecem com orações, mas são, na verdade, lembretes de como falamos, como lidamos com os problemas, com outras pessoas, coisas assim, na vida cotidiana. Por exemplo, em minha prática cotidiana, a oração, se disponho de tempo, leva cerca de quatro horas. Bastante tempo. De um modo geral, creio que minha prática é de revisão: compaixão, perdão e, é claro, shunyata. No meu caso, também há visualização da divindade, mandala, práticas tântricas e a visualização da morte, renascimento e estado intermediário, oito vezes. Devo me preparar para a minha morte. Quando chegar, não sei se já estarei ou não preparado.

Uma parte da oração é um apelo a Buda. Embora não consideremos Buda como um Criador, ao mesmo tempo o consideramos como um ser superior que se purificou. Por isso, ele possui uma energia especial, uma energia ou poder infinito. Sob certos aspectos, portanto, nesse tipo de oração, o apelo a Buda pode ser considerado similar ao apelo a Deus, como o Criador.

SEGUNDA SESSÃO

Nota do Editor: Na última sessão, Sua Santidade começou por perguntas e respostas, a fim de apresentar um discurso sobre os doze vínculos da origem dependente no final.

Perguntas

P: *É necessário procurar uma experiência concreta, a fim de compreender plenamente e ter compaixão? Por exemplo, muitas pessoas nesta sala levaram vidas livres de determinados sofrimentos, como a pobreza e a opressão política. Isso significa que devemos ir além da televisão e dos jornais, chegando mais perto da experiência real dessas coisas? É uma maneira eficaz de contrabalançar a apatia?*

R: No estágio inicial, se você enfrenta diretamente situações de sofrimento, em que vê alguém sofrendo, isso terá um grande impacto no desenvolvimento da compaixão. Mas há diferentes meios de refletir sobre o sofrimento. Por exemplo, como ressaltei antes, você pode ter uma visão direta de alguém sofrendo, o que daria origem a seu sentimento de empatia e compaixão, embora não estivesse passando pessoalmente por um sofrimento concreto e consciente. Também se pode dirigir a compaixão para aqueles que estão empenhados em atividades negativas ou perniciosas, lembrando que eles estão acumulando causas e condições que mais tarde levarão a conseqüências indesejáveis. A diferença é apenas uma questão de tempo. Em um caso, eles já estão no estado resultante, no nível de fruição; no segundo caso, não estão de fato sofrendo, mas se encontram no estágio de causalidade, durante o qual trabalham para chegar lá. Portanto, você pode desenvolver compaixão em relação a isso.

Mesmo no caso do sofrimento, como eu disse antes, há níveis diferentes de sofrimento. Por exemplo, o que identificamos convencionalmente como experiências agradáveis são, na realidade, sofrimentos de mudança. Por trás está a natureza insatisfatória básica da existência no samsara. Assim, depois que você começa a desenvolver compaixão baseada nesses níveis mais profundos de compreensão do sofrimento, não precisa de experiências imediatas de sofrimento para motivar seus atos compadecidos.

P: *O senhor disse que a compaixão consiste em tratar os outros com tolerância e bondade, e de não lhes fazer mal. Mas a compaixão não deveria nos levar a procurar ativamente aqueles em necessidade, aliviar o sofrimento dos que estão doentes, que vivem em pobreza extrema ou que são vítimas de autêntica injustiça? O budismo tem sido acusado às vezes de negligenciar os sofrimentos que existem na sociedade. Por favor, comente a respeito.*

R: Creio que, até certo ponto, isso é verdade. Como mencionei antes, os monges e monjas budistas devem assumir um trabalho mais ativo na sociedade, como fazem seus irmãos e irmãs cristãos. Por exemplo, na minha primeira visita à Tailândia, creio que no final da década de 1960, conversei sobre isso com o patriarca. Ele explicou que também é verdade, segundo os sutras de Vinaya, que os monges e monjas devem permanecer isolados da sociedade. Isso é verdade, mas meu argumento também é uma verdade. Por isso, ressaltei: "Tem razão sobre os sutras de Vinaya. Mas, por outro lado, o propósito de nossa prática é beneficiar os outros. Portanto, no nível prático, se pudermos fazer mais, valerá a pena."

Não se deve perder de vista o princípio básico por trás do modo de vida monástico, que é o de ter tão pouco envolvimento quanto possível, tão poucos interesses externos quanto possível. Por outro lado, quando se trata de servir aos outros, então se deve ter tanto envolvimento quanto possível.

P: *Os budistas tentam "evangelizar" ou enviam missionários para o mundo? Há muita fome espiritual. Se não fazem isso, há algum motivo?*

R: Creio que durante o período Ashoka houve algumas missões budistas. Mas, basicamente, na tradição budista não há ênfase na evangelização, no envio de missionários para converter, ou num movimento para a conversão, a menos que alguém venha procurar os ensinamentos. Neste caso, é claro, temos o dever ou responsabilidade de ensinar. No passado, talvez fosse diferente, mas o mundo de hoje se tornou muito menor e o espírito de harmonia é essencial. Por isso, em minha opinião, o missionário budista é inadmissível. Tenho algumas reservas até mesmo ao trabalho missionário de outras tradições religiosas. Se alguém tenta propagar sua religião e o outro lado faz a mesma coisa, então, logicamente, há a possibilidade de conflito. Por isso, não considero que seja uma coisa boa.

Minha convicção é de que entre cinco bilhões de seres humanos há apenas uns poucos que são crentes sinceros e genuínos. É claro que não conto aqueles que dizem "Eu sou cristão" porque sua família é de origem cristã, porque em sua vida cotidiana eles podem levar muito em consideração a fé cristã. Assim, excluindo essas pessoas, aqueles que praticam sinceramente sua religião não devem passar de um bilhão. Isso significa que quatro bilhões, a maioria da população, são descrentes. Portanto, devemos encontrar um meio de tentar alcançar essa maioria, quatro bilhões de pessoas, para fazer com que se tornem bons seres humanos, ou pessoas morais, sem qualquer religião. Esse é o ponto. Em relação à compaixão e coisas relacionadas, considero que são apenas boas qualidades dos seres humanos, não necessariamente assuntos religiosos. Assim, alguém pode permanecer sem qualquer fé religiosa, mas se mostrar um ser humano bom e sensível, e ter um senso de responsabilidade ou compromisso por um mundo melhor, um mundo mais feliz. Sob esse aspecto, acho que uma educação apropriada é muito importante. E a mídia também é importante.

P: *Fui traído e tratado injustamente por duas pessoas. Isso acarretou uma grande perda monetária para mim, tornando difícil sustentar minha família. Quando analiso a situação, percebo que se fosse mais consciente poderia ter reconhecido a traição antes, me afastado dessas pessoas e me salvado dos prejuízos. Como posso parar de odiar a mim mesmo por essa perda? Sei que odiar a mim mesmo não é bom, mas não consigo evitar.*

R: Não é possível parar de odiar a si mesmo, se a pessoa já se encontra nessa situação, apenas por adotar um pensamento determinado uma ou duas vezes. Já falamos nos últimos dias sobre vários métodos e técnicas relevantes para lidar com essas situações. É através de um processo de aprendizado, treinamento e costume que a pessoa será capaz de lidar com essas dificuldades.

P: *Tenho lido em livros budistas que é inexato acreditar que aprendemos lições específicas em qualquer vida determinada. Mas é o que sentimos e parece coerente com o karma. O que é correto ou útil compreender?*

R: Creio que há um mal-entendido aqui, talvez relacionado com a idéia budista do renascimento. Segundo o budismo, há com certeza um novo conhecimento que você adquire através do aprendizado e das práticas. Também adquire muitas novas experiências. Por exemplo, se examinarmos a teoria epistemológica da mente e dos fatores mentais, segundo um dos textos de Abhidharma, chamado *Compêndio de Conhecimento*, há cinqüenta e um tipos de fatores mentais. São todos modalidades diferentes da mente que possuímos em nosso estado ordinário, como seres humanos. À medida que progredimos no caminho, através da meditação e da prática, há muitos outros tipos ou modalidades da mente que não podem ser encontrados na lista de cinqüenta e um, mas que temos de adquirir conscientemente, enquanto seguimos pelo caminho. Por exemplo, em relação à concentração ou foco da mente, encontramos na literatura budista muitas descrições de vários níveis e estágios, todos a serem desenvolvidos através da prática e da meditação.

P: *Como se medita sobre o vazio?*

R: Tratarei disso na apresentação depois da sessão de perguntas e respostas.

P: *Há um meio de treinar a mente para que não sintamos sempre uma tremenda tristeza por causa do terrível sofrimento no mundo?*

Em outras palavras, como podemos nos sentir alegres diante de tanto sofrimento?

R: Promover uma transformação na perspectiva e na maneira de pensar não é uma questão fácil. Exige aplicação de muitos fatores diferentes, de direções diferentes. Por exemplo, segundo as práticas budistas, enfatizamos a unificação do método (ou meios habilidosos) e sabedoria. Portanto, você não deve ter a noção de que há apenas um segredo e, se puder entendê-lo direito, tudo ficará certo. Não se deve ter esse tipo de noção.

Em meu próprio caso, por exemplo, se comparo minha atitude mental habitual hoje, minha atitude mental nesta situação, com a que tinha há vinte ou trinta anos, há uma grande diferença. Mas essas diferenças ocorreram passo a passo. Embora eu tivesse começado a ler os textos budistas aos cinco ou seis anos de idade, nessa ocasião não me interessava, embora fosse visto como a mais alta reencarnação. Depois — creio que eu tinha dezesseis anos — comecei a me sentir sério, tentei realmente iniciar uma prática séria. Na casa dos vinte anos, mesmo quando estava na China e havia muitas dificuldades, ainda assim, sempre que tinha oportunidade, recebia ensinamentos de meu tutor. Nessa ocasião, ao contrário do tempo anterior, fiz realmente um esforço interior. Por volta dos trinta e quatro ou trinta e cinco anos, comecei a pensar sobre shunyata, o vazio. E, como resultado da meditação intensiva, baseada no esforço sério, minha compreensão da natureza da cessação tornou-se real. Pude então ter um senso do que era: "Isso mesmo, há alguma coisa, há uma possibilidade." O que realmente me proporcionou uma grande inspiração. Mesmo assim, naquela ocasião, bodhichitta ainda era algo muito difícil. Admiro bodhichitta. Esse tipo de mente é realmente maravilhoso. Mas a prática ainda estava muito distante quando eu tinha trinta e poucos anos. Na casa dos quarenta anos, principalmente como resultado de estudar e praticar o texto de Shantideva e alguns outros livros, passei a ter alguma experiência de bodhichitta. Apesar disso, minha mente não está em boa forma. Tenho agora a convicção de que se tivesse tempo suficiente, tempo apropriado e uma área apropriada, poderia desenvolver bodhichitta. Isso já tem quarenta anos.

Assim, quando encontro pessoas que alegam ter alcançado altas realizações num curto período, às vezes tenho vontade de rir, embora procure ocultar esse sentimento. Mas acontece que o desenvolvimento mental exige tempo. Se alguém diz "Através das dificuldades, através de muitos anos, alguma coisa vai mudar", então eu percebo que há algo dando certo. Se alguém diz "Dentro de um curto período, dois anos, alguma coisa grande mudou", eu acho que é irrealista.

P: *Já ouvi a mente ser descrita ou definida como um recipiente para pensamentos. O objetivo da meditação é remover a confusão de pensamentos do recipiente da mente? Fazer isso permitirá que a luz brilhe?*

R: Na terminologia budista, usamos a expressão "purificar as manchas da mente", em vez de "esvaziar a mente de seu pensamento", porque quando dizemos "pensamentos", incluímos tanto os positivos quanto os negativos. Contudo, o alvo da meditação é chegar ao estado conhecido como o "estado de não-conceitualidade". Aqui, cabe explicar que o termo "não-conceitual" pode significar coisas diferentes, em contextos diferentes. Portanto, o "estado não-conceitual" significa uma coisa no contexto da explicação sutra e outra diferente em várias classes de tantra. Mesmo dentro da Tanta Ioga Superior, significa coisas diferentes no que se costuma chamar de "Tantras Pais" e "Tantras Mães". Encontramos o termo "não-conceitual" usado com bastante freqüência no contexto dos ensinamentos de Dzogchen e nos ensinamentos de Mahamudra. E nesses dois casos, a associação é realmente através do ponto de vista da noção da Tantra Ioga Superior.

Num texto sobre Mahamudra escrito por Dakpo Tashi Namgyal, um grande estudioso e praticante, ele alega que o caminho Mahamudra não pertence ao sistema tantra nem ao sistema sutra. Descreve-o como um caminho singular e deve ter alguma base para fazer essa alegação. Contudo, quando se examina a declaração, é muito difícil compreender um caminho que não pertence a sutra nem a tantra. De qualquer forma, isso não é budismo. Buda ensinou apenas o Sutrayana e o Tantrayana. Mas aqui está uma coisa que não pertence a nenhum dos dois, o que significa que é diferente.

Seja como for, na prática Mahamudra e na prática Dzogchen, a ênfase principal é na combinação de shunyata e luz clara. Quando usamos o termo "luz clara", pode significar duas coisas diferentes. Por um lado, pode se referir ao objeto que é o vazio; e o "vazio" pode ser compreendido em termos de luz clara. Por outro lado, significa a experiência subjetiva desse vazio. Portanto, "luz clara" pode ter conotações objetivas e subjetivas. A unificação dos aspectos objetivos e subjetivos da luz clara é enfatizada nos métodos Dzogchen e Mahamudra. Contudo, quando se usa as palavras "objetivo" e "subjetivo" aqui, ninguém deve ficar com uma sensação incômoda, "Ah, temos uma dualidade", porque em relação à experiência fenomenológica, ou o estado do indivíduo em quem o meditador se concentra, não há dualidade de sua perspectiva. É apenas da perspectiva de uma terceira pessoa, ou se você examinar em retrospetiva, que você verá como uma espécie de objetivo e subjetivo. Mas, na experiência concreta, não há dualidade entre objetivo e subjetivo.

Assim, quando falamos sobre o desenvolvimento desse estado de não-conceitualidade, deve haver o potencial ou semente inerente dentro do praticante individual para poder chegar a esse ponto. Mas não devemos ter a noção de que, já que o objetivo é alcançar um estado não-conceitual, nada que envolva processos de pensamento conceituais pode beneficiar esse alvo. Encontramos extensas análises dessa questão no segundo capítulo de *Exposição de Meios Válidos para a Cognição,* de Dharmakirti. Ali, ele demonstra, com muito raciocínio e argumentação, como os processos de pensamento conceituais, pensamento, reflexão e meditações que envolvem os processos de pensamento intelectuais, acabam culminando na experiência da não-conceitualidade. É uma coisa que devemos sempre lembrar.

Além disso, falamos de dois tipos principais de meditação: um é analítico, em que você emprega sua faculdade analítica para a investigação; o outro é mais absortivo, em que o foco é a chave. Como a análise envolve o uso do pensamento e dos processos de pensamento, não se usa a análise na Tantra Ioga Superior, em que se cultiva a percepção especial ou penetrante. Em vez disso, usa-se uma técnica que enfatiza a concentração da mente. É o tipo de método que também se encontra em Dzogchen e Mahamudra.

P: *Poderia fazer a gentileza de discorrer sobre a possibilidade de opção para realizar boas ou más ações? Os feitos passados determinam suas ações e sua perspectiva?*

R: Na verdade, como você ressaltou, muito de nosso comportamento, padrões de pensamento e perspectivas podem ser determinados ou regidos por nossos feitos passados. Quando se fala em ser influenciado por feitos passados, estamos falando sobre a influência do condicionamento. Contudo, é possível exercer a vontade e liberdade de opção para se distanciar dos efeitos desses atos passados, e tentar habituar a mente a caminhos que não eram familiares no passado. Pode-se desenvolver essa familiaridade conscientemente e, assim, tentar se livrar das restrições dos feitos passados.

Mas é mais difícil se livrar de certas forças biológicas. Segundo o budismo, o corpo físico é visto como um agregado, um produto da ignorância e das ilusões. Não é visto apenas como uma base de nosso atual estado de existência, caracterizado por limitações e sofrimentos. É também uma espécie de trampolim para produzir futuras experiências de sofrimento. Há algo muito biológico no corpo que nos impede de tentar escapar dessa servidão. É quase como algo embutido, uma espécie de letargia, que o torna pesado. Também bloqueia a clareza da mente. Mas é possível adquirir controle sobre os níveis muito sutis de energia nos elementos corpóreos através do treinamento da mente e das experiências de meditação — especialmente no tantra, onde podemos encontrar dentro dos elementos corpóreos os níveis expressos, os níveis sutis e os níveis muito sutis. Assim, a pessoa pode superar as influências sentidas nos níveis mais expressos dos elementos corpóreos. Portanto, há também essa possibilidade.

P: *Em minha compreensão, a iluminação é, num certo sentido, a liberdade da servidão de causas e condições. Como se pode alcançar esse estado e ainda permanecer neste mundo, em que a natureza da existência é relativa e causal?*

R: Em relação às restrições de causas e condições, elas são universais e alcançam até o estado búdico. Por exemplo, vamos ver o caso da mente onisciente de Buda, que é totalmente iluminada, mas interage com objetos. É transitória e muda de um momento para outro, é um processo; por isso, é impermanente. Pode-se constatar o princípio da causalidade operando mesmo aqui. Contudo, o estado búdico é, às vezes, descrito como um estado de imortalidade, o estado de permanência. Isso deve ser compreendido no contexto apropriado: é descrito como um estado permanente em termos de seu contínuo. Às vezes o estado búdico é descrito como permanente porque, quando falamos das personificações do Buda, há os impermanentes, que são sujeitos a causas e condições, mas também temos permanentes.

Quando falamos das personificações do Buda, *Buddhakayas*, podemos encontrar algumas que mudam de um momento para outro e algumas que não mudam. Assim, porque há dois aspectos de Buddhakaya, ou "personificações" do Buda, de um modo geral se diz que é inalterada e eterna.

P: *Estou confuso com a declaração do senhor de que causar injúria é da natureza essencial do perpetrador e não deve ser levado em consideração contra ele. A natureza essencial de todos não é a natureza de Buda?*

R: Creio que há um ligeiro mal-entendido aqui. Shantideva usou o argumento em sentido hipotético. Havia uma cláusula condicional. O versículo 39 diz:

Mesmo que fosse da natureza dos infantis
Causar mal a outros seres,
Ainda assim seria incorreto sentir raiva deles,
Pois seria como se ressentir do espaço por deixar a fumaça subir.

É uma situação condicional.

Mas quando usamos o termo "natureza essencial", temos de compreender que pode significar coisas diferentes, em contextos diferentes. Quando dizemos que a natureza essencial da mente dos seres sencientes é pura, estamos falando da natureza de Buda, que se situa num nível muito diferente. Relaciona-se com esse ponto a necessidade de se avaliar os significados sutis dos vários termos técnicos, quando lemos textos lidando com a filosofia budista do vazio. Por exemplo, uma das palavras fundamentais do sânscrito, crítica para a nossa compreensão do conceito de vazio, é *svabhava,* que pode ser traduzida como "ser intrínseco", ou "natureza do eu", ou simplesmente como "essência". Assim, tem diversas conotações, de acordo com diferentes contextos. Quando você lê esses textos, deve tomar muito cuidado para não ser rígido sobre uma compreensão particular do termo, para depois tentar aplicá-la em todos os contextos em que é usada. O mesmo termo pode ser usado por um sistema filosófico, como o Madhyamika, num certo sentido, mas ter outro significado para uma escola de pensamento diferente. Portanto, é importante ter essa flexibilidade e avaliar a diversidade de significados em diferentes contextos.

P: *Pode explicar algo sobre a delegação de Tara Verde na quarta-feira? Qual é o compromisso envolvido etc.?*

R: A cerimônia de Tara Verde que será realizada amanhã é a de bênção, não a de plena delegação. Será combinada com uma delegação de Vida Longa, que vem do Quinto Dalai Lama. Portanto, é uma prática específica da linhagem de Dalai Lamas. Não há nenhum compromisso específico. Não é maravilhoso? Vocês recebem a bênção, mas não precisam assumir nenhum compromisso!

Mas se tomarem os votos de Bodhisattva pela manhã, então haverá um compromisso. Será com os dezoito votos básicos e os quarenta e seis votos auxiliares ou preceitos de um Bodhisattva. Mas como mencionei esta manhã, se esta é sua primeira exposição às práticas budistas, então talvez seja mais sensato não fazer os votos.

P: *Que conselho daria a um cristão que estuda o budismo e que está considerando fazer os votos de Bodhisattva esta semana?*

R: Isso me parece ótimo.

OS DOZE VÍNCULOS DA ORIGEM DEPENDENTE

Até agora, temos falado sobre a prática da paciência e da tolerância, uma das seis perfeições, as práticas principais dos Bodhisattvas, como ressaltei antes. Há três tipos principais de paciência ou tolerância: aceitação do mal e injúrias infligidos por outros; assumir voluntariamente a dor, sofrimentos e dificuldades que estão envolvidos na prática; e desenvolver e aprofundar a capacidade para paciência e tolerância, através da melhoria da compreensão da natureza da realidade, como a complexidade das situações. Pode incluir também a percepção sobre a suprema natureza da realidade, o vazio, e assim por diante.

Uma coisa que ainda não ressaltei é que uma prática genuína ou ideal de cada uma das perfeições deve ser completa; deve conter todos os aspectos das outras cinco perfeições. Por exemplo, no caso da prática da paciência: enquanto se permanece no estado de paciência e tolerância, encorajar os outros a fazerem a mesma coisa é a prática de dar, ou generosidade. Um segundo aspecto importante é basear a prática da paciência e da tolerância na honestidade e na sinceridade, que são aspectos da disciplina ética envolvidos na prática da paciência. O terceiro, obviamente, é a paciência propriamente dita. O quarto, que é o esforço alegre, refere-se a todos os esforços envolvidos em manter a paciência e a tolerância. O quinto é manter a determinação e a capacidade de focalizar o que está fazendo, quando se empenha na prática. A consciência do que se faz também pode ser incluída aqui como um aspecto da concentração e determinação na prática da paciência. A prática da sabedoria é a capacidade de julgar o que é apropriado e o que é impróprio, assim como o que é necessário numa determinada situação. Essas são as faculdades de sabedoria e inteligência que são uma parte concomitante da prática da paciência. Pode incluir também a sabedoria de compreender a natureza vazia dos fenômenos, se você a tiver. O mesmo acontece com as práticas de todas as outras perfeições, como a generosidade: dentro da prática da generosidade, todas as outras perfeições devem ser completas. O mesmo acontece com a disciplina ética e assim por diante.

Quando falamos das seis perfeições — generosidade, disciplina ética, paciência, perseverança, concentração, e sabedoria — devemos ressaltar que também podem ser encontradas em outros praticantes, não-Bodhisattvas, também trabalhando por sua liberação individual. O que torna aperfeiçoada a prática desses seis fatores é a motivação envolvida. A fim de que a prática da paciência seja uma prática de perfeição da paciência, você precisa da motivação, que é a bodhichitta. Se a prática da paciência, generosidade e outras é motivada por bodhichitta, a aspiração de alcançar a iluminação em benefício de todos, então sua prática se torna, de fato, uma prática da perfeição.

Todas essas práticas das seis perfeições pertencem às práticas associadas com a acumulação de mérito, ou às práticas associadas acima de tudo com a acumulação de sabedoria. A razão para essa divisão em duas categorias principais do caminho, o aspecto do método e o aspecto da sabedoria, é porque o estado búdico resultante se caracteriza em termos de duas kayas do Buda, ou duas personificações. Uma é o estado dharmakaya, que pode ser considerado como o estado de suprema compreensão do ser de Buda, ou autocompreensão. A outra personificação é chamada de rupakaya, que é a forma corpórea. Essas duas kayas ou personificações têm funções diferentes: o estado dharmakaya é como autocompreensão do estado aperfeiçoado; a rupakaya, a forma corpórea, é expressamente assumida para ser útil, a fim de tornar o Buda acessível a outros seres sencientes. É uma espécie de meio, através do qual a dharmakaya pode interagir com, e em benefício de outros seres sencientes. Portanto, o que se tem aqui é uma estrutura geral do caminho Mahayana, de acordo com o sistema de sutra, em que toda a sua motivação para se lançar na viagem espiritual para a perfeição é a bodhichitta, a aspiração de alcançar a plena iluminação em benefício de todos. Assim, motivado por essa intenção, você se empenha num caminho que é caracterizado pela prática das seis perfeições, que constituem a unificação do método e da sabedoria. E através dos estágios dos dez níveis de Bodhisattva, você chega ao estado de fruição resultante, onde há uma encarnação de dharmakaya e rupakaya. Esse é o esquema geral que se encontra no sistema de sutra, segundo o caminho Mahayana.

Mas o que é único e torna o sistema tântrico budista diferente do sistema de sutra Mahayana é o fato de que, segundo o tantra, a unificação do método e da sabedoria é compreendida num nível mais profundo. No sistema sutra, a unificação do método e da sabedoria é considerada em termos de duas entidades distintas, dois eventos cognitivos totalmente diferentes. Método e sabedoria se complementam. A unificação é compreendida em termos de complementação, um apoiando e reforçando o outro. No tantra, porém, a unificação ocorre num nível muito mais profundo. A noção é de que, dentro de um evento de consciência ou estado mental, os aspectos do método e da sabedoria são completos. Não se considera que há dois estados mentais distintos, um complementando o outro, mas sim uma espécie de assimilação dentro de um único evento cognitivo do método e da sabedoria. É isso que forma a base em todos os estágios de tantra.

Dentro do tantra, há diferentes sistemas ou divisões. Às vezes o caminho tântrico é dividido em seis classes; em geral, é dividido em quatro. A característica diferencial entre as três primeiras classes de tantra e a Tantra Ioga Superior é que nesta há uma ampla apresentação e uma ênfase na prática da luz clara, ausente nas três classes inferiores de tantra.

A fim de entender direito a idéia da luz clara, é preciso compreender a possibilidade de ser capaz de perceber a consciência e as energias que acompanham a consciência em muitos níveis diferentes de sutileza. Por causa disso, encontramos na literatura da Tantra Ioga Superior muita discussão sobre os chakras, os canais de energia, as energias que fluem dentro deles e os recipientes essenciais, localizados nas principais partes do corpo. Isso acontece porque todas estão ligadas de forma inextricável à idéia de diferenciar vários níveis de consciência e energia. É por causa desses princípios que você encontra na Tantra Ioga Superior imagens e iconografia que descrevem formas muito iradas ou eróticas. Muitas dessas práticas da Tantra Ioga Superior relacionadas com canais de energia, chakras, energias sutis e assim por diante, levam em consideração certos elementos básicos que formam nossa existência corpórea, como os seis elementos. Por causa do fluxo desses elementos e energias dentro do corpo, e por causa dos movimentos e níveis de energia, são afetados os estados da mente e os níveis da consciência. Por exemplo, descobrimos que há certas situações ou ocasiões na vida em que podemos ter vislumbres do que se poderia chamar de experiência da mente sutil. Isso é descrito pelo Buda-shrijnana em um dos seus textos, no qual ele diz que no estado ordinário há certas ocasiões em que temos um vislumbre da mente sutil, como no sono profundo, no orgasmo sexual, quando desmaiamos e no momento da morte. Durante esses estágios, experimentamos naturalmente uma forma de consciência sutil. Assim, além dessas quatro situações ocorrendo naturalmente, é possível, para o meditador, aplicar determinadas técnicas de meditação e criar oportunidades de apreender o momento, gerando conscientemente a experiência da luz clara sutil. Isso acontece especialmente no momento da morte, e depois, pela ordem, durante o sono profundo e o orgasmo sexual.

Portanto, é à luz desses fatores que se tem de compreender a idéia do princípio *yab-yum*, a união do masculino e do feminino. Se nossa compreensão é correta, descobrimos que o tipo de ato sexual em que as divindades masculinas e femininas estão empenhadas é muito diferente do que entenderíamos como um ato sexual no sentido comum. O que se exige aqui é a capacidade dos participantes desse tipo de ato *yab-yum* para reter a energia e evitar sua emissão. Quando um praticante tântrico não consegue reter a energia e deixa que transborde, isso é considerado uma falta grave. É bastante enfatizado e considerado um grave erro do praticante, em particular no Kalachakra Tantra.

O que devemos compreender aqui é que quanto maior ou mais profunda a unificação do método e sabedoria, mais eficaz e poderoso se torna o caminho para a iluminação. Mas uma prática bem-sucedida de todos esses princípios baseia-se na geração e compreensão de bodhichitta. Sem esse requisito prévio, não há possibilidade de a pessoa se empenhar com êxito nessas práticas.

A fim de gerar bodhichitta, é preciso um senso de compromisso e responsabilidade. Assume-se a responsabilidade de ajudar os outros a se livrarem do sofrimento. É uma condição prévia para gerar bodhichitta. Isso, por sua vez, exige a condição de desenvolvimento de compaixão universal.

Encontramos na tradição duas técnicas ou métodos principais para cultivar essa compaixão universal: o método da "causa e efeito dos sete pontos", e a "troca e igualdade das pessoa com os outros". São as duas técnicas mais importantes para se desenvolver a compaixão. A troca e igualdade com os outros é a técnica que se encontra no oitavo capítulo do *Guia para o Modo de Vida do Bodhisattva,* de Shantideva.

São esses os vários aspectos do caminho Mahayana para alcançar a plena iluminação. Mas para gerar uma compaixão genuína, o sentimento de que a visão do sofrimento de outros seres sencientes é insuportável, é preciso que a pessoa, em primeiro lugar, seja capaz de avaliar a gravidade ou intensidade do sofrimento. É indispensável aqui uma compreensão da natureza do sofrimento.

O tipo de compaixão que normalmente temos é muito simples. Quando encontramos alguém que está realmente sofrendo, experimentamos uma empatia espontânea. Pensamos: "Que pena, que coisa horrível!" Mas quando você se depara com alguém que é bem-sucedido em termos seculares, sente inveja, em vez de sentir compaixão. O motivo para esse tipo de sentimento é o fato de não compreendermos direito o significado do sofrimento. Para ter uma noção genuína do significado do sofrimento, precisamos de treinamento nos caminhos básicos.

Não é suficiente apenas desenvolver a compreensão da natureza do sofrimento, reconhecer o verdadeiro significado do sofrimento. É importante também desenvolver uma avaliação da possibilidade da alternativa, que é a liberação do sofrimento. Neste ponto, torna-se relevante a compreensão das Quatro Nobres Verdades. Esse caminho é comum para os budistas Mayahana e para os não-Mahayana.

Quando falamos das Quatro Nobres Verdades, descobrimos que há dois conjuntos de causa e efeito. Um conjunto relaciona-se com a nossa experiência e existência no samsara, o sofrimento sendo o resultado e a origem do sofrimento sendo a causa. Ou seja, um conjunto de causa e efeito trata da maneira pela qual permanecemos no ciclo da existência. Outro conjunto lida com o processo que nos permite sair dessa servidão e alcançar a liberdade do sofrimento. Os dois têm a cessação como resultado, e o caminho levando à cessação como causa. Quando compreendemos esses dois conjuntos de causa e efeito de uma maneira mais profunda, então focalizamos os princípios dos doze vínculos da origem dependente. Em outras palavras, os doze vínculos da origem dependente são um desenvolvimento dos temas resumidos nas Quatro Nobres Verdades.

Nos doze vínculos da origem dependente há ao mesmo tempo, uma ordem inversa e uma ordem na seqüência apropriada. Se uma pessoa reflete em uma ordem de seqüência apropriada, então se constata que a ignorância está em primeiro lugar. A ignorância leva a atos volitivos; isso leva a implantar impressões na consciência; o que leva a nome e forma, e culmina com o envelhecimento e a morte. Ao refletir sobre essa corrente, compreendemos o mecanismo pelo qual temos o renascimento no ciclo da existência, passando outra vez pelo círculo vicioso de vida e morte.

Quando invertemos a ordem e refletimos sobre a cessação de cada um dos doze vínculos, constatamos que a cessação do envelhecimento e da morte depende da cessação de ser; a cessação disso depende da cessão de absorver e aderir; e assim por diante. Portanto, na ordem inversa, compreendemos o processo pelo qual se pode escapar dessa servidão, obtendo liberdade e liberação do samsara.

Todas as práticas baseadas na apreciação da ordem seqüencial e inversa dos doze vínculos de origem dependente são encontradas no que é conhecido como "as práticas dos trinta e sete aspectos do caminho da luz". Isso começa com a prática das quatro percepções e segue adiante. Ou seja, os trinta e sete aspectos do caminho da luz são, em outras palavras, práticas associadas com os doze vínculos da origem dependente.

O primeiro dos trinta e sete aspectos do caminho da luz é a percepção do corpo. Depois, vem a percepção de nossos sentimentos e emoções. Em seguida, a percepção da mente, ou consciência. E depois a percepção dos fenômenos.

Quando se medida sobre a percepção do corpo, quando se reflete sobre a maneira pela qual o corpo surge e se examina as condições causais, vamos verificar também as impurezas do corpo. Por essa perspectiva, a pessoa descobrirá que até mesmo aqueles que parecem bem-sucedidos neste mundo não são realmente objetos dignos de inveja; ainda permanecem dentro da servidão de sofrimento e de insatisfação. Na verdade, se pensamos a respeito disso mais a fundo, descobrimos que quanto maior o sucesso que se desfruta em termos mundanos, mais complexa parece ser a constituição psicológica, porque há um nexo muito mais complexo de esperanças e medos, apreensões e inibições.

O que Aryadeva diz, em seus *Quatrocentos Versículos*, parece ser verdade. Ele declara que as pessoas bem-sucedidas ou afortunadas em termos mundanos são atormentadas por dores mentais e emocionais, enquanto os pobres são atormentados por sofrimentos e dores físicos. Isso parece ser verdade.

O que faz com que todos os seres sencientes levem uma vida caracterizada pelo sofrimento e dor é, em última análise, o fato de estarem sob o poder ou influência da ignorância. Deve-se tentar desenvolver um senso de urgência, como se faz com um paciente com AIDS. Depois que a pessoa pega a doença, há um senso de urgência, porque seus dias estão contados. Da mesma forma, deve-se pensar: "Enquanto eu estiver sob a influência e poder da ignorância e ausência de conhecimento, mais cedo ou mais tarde alguma coisa vai me acontecer. Portanto, devo trabalhar agora." É preciso desenvolver esse senso de urgência.

Enquanto a pessoa se mantém sob a influência e poder dos três venenos da mente, não há espaço para a verdadeira felicidade. Portanto, de certa forma, somos todos escravos dos três venenos da mente. E se existe uma possibilidade e um método para nos libertarmos da servidão, então não fazer o esforço para conquistar essa liberdade parece lamentável e absurdo.

Mas quando alguém medita e pensa nessas linhas, quando diz as palavras, "os três reinos da existência em samsara", de algum lugar das profundezas do coração vem um senso de "Preciso escapar. Tenho de me libertar disso." O que geramos do coração é o desejo de nos libertarmos da servidão desses três venenos da mente.

Mas para alcançar com êxito essa liberação, é necessário um longo período de meditação e prática — em alguns casos, até várias vidas. O que torna urgente é a necessidade de cuidar agora para obtermos uma forma favorável de existência no futuro. Assim, teremos a oportunidade de continuar em busca do objetivo, partindo do ponto em que paramos.

Embora o supremo objetivo seja o da liberação, para chegar lá o primeiro passo é garantir que tenhamos um renascimento favorável. E para conseguir isso, é necessário, principalmente, levar um modo de vida com disciplina ética, em que a pessoa se abstém das dez ações negativas ou dez não-virtudes. Essas dez não-virtudes incluem três ações do corpo (matar, roubar e conduta sexual imprópria); quatro da fala (mentira, fala divisiva, fala ríspida e fofoca sem sentido); e três da mente (cobiça, intenção perniciosa e visões distorcidas). A fim de gerar um entusiasmo genuíno para um modo de vida de disciplina ética, caracterizado pela abstenção das dez não-virtudes, é importante desenvolver uma boa compreensão dos mecanismos do karma, causa e efeito.

Mas quando se tenta compreender os mecanismos além do conceito do karma, e como as ações e efeitos relacionam-se entre si, e como uma coisa leva a outra num nível muito sutil, descobre-se que esses assuntos se mantêm fora do alcance de nossa compreensão ordinária. No estágio inicial, os aspectos mais sutis da teoria kármica permanecem além da nossa compreensão. Portanto, um grau de fé, uma certa confiança nas palavras do Buda sobre a doutrina do karma, parece ser necessário. Por causa disso, observar a lei do karma está muito relacionado com se refugiar. Na verdade, levar um modo de vida disciplinado dentro da lei do karma é considerado como o preceito do refúgio.

Para se empenhar em práticas como a de buscar refúgio, levando uma vida de acordo com a lei do karma, com disciplina ética caracterizada pela observância das dez virtudes e assim por diante, precisamos de um tremendo senso de confiança de que podemos conseguir. Para gerar isso — assim como um certo entusiasmo — encontramos nos textos de Buda uma análise da preciosidade do corpo humano e da existência humana. Nesse estágio, nunca falamos como o corpo e as substâncias corpóreas são impuros, ou como são imperfeitos. Em vez disso, falamos de tudo que é bom, significativo, resoluto, de todo o potencial que existe em nosso corpo, como pode ser usado para grandes propósitos e assim por diante. Isso serve para incutir um senso de confiança e coragem. Nesse estágio, não se deve focalizar os aspectos negativos do corpo, em particular se a pessoa tem um problema de baixa auto-estima ou de auto-ódio. Se alguém fala em imperfeições do corpo, impurezas, para uma pessoa assim, pode agravar o problema, torná-lo ainda pior. Nesse estágio, falamos, acima de tudo, sobre as características, benefícios e vantagens da forma humana, a fim de gerar não apenas um senso de urgência para avaliar os potenciais do corpo, mas também o senso de compromisso para usá-lo de uma maneira positiva.

O praticante é lembrado em seguida da impermanência e da morte. Quando falamos sobre impermanência aqui, estamos usando termos muito convencionais: um dia, não estaremos mais aqui. Essa percepção de impermanência é encorajada. Assim, quando se juntar com o reconhecimento do enorme potencial da existência humana, haverá um senso de urgência: "Devo utilizar todos os momentos preciosos da minha vida." Esse tipo de entusiasmo, ansiedade e confiança deve ser desenvolvido.

Para alcançar esse ponto, é preciso estudar primeiro. Mas, como Dromtonpa disse, quando ele estuda e aprende, não esquece as práticas da contemplação e meditação. Da mesma forma, quando contempla um determinado assunto, não esquece a importância do aprendizado e da contemplação. Em outras palavras, ele sempre combina as três coisas. É um método combinado e coordenado. Isso é muito importante para que não haja desequilíbrios entre aprendizado intelectual e implementação prática. Caso contrário, há o perigo de intelectualização demasiada, o que acabará com a prática, ou ênfase exagerada na implementação prática sem estudo, o que liquidará a compreensão. Tem de haver um equilíbrio.

A visão geral que apresentei, o procedimento de seguir o caminho na ordem inversa, começando de cima para baixo, encontra-se nos *Quatrocentos Versículos,* de Aryadeva, onde ele resume todo o caminho budista. Ele declara que o importante no estágio inicial é reverter as ações negativas e destrutivas do corpo, fala e mente. Daí a importância de ter um modo de vida com disciplina ética. No segundo estágio, a importância deve ser transferida para a superação dos estados ilusórios e sua ignorância latente, que apreende coisas e eventos como se tivessem existência intrínseca e possuíssem realidade e identidade intrínseca. Depois, no terceiro estágio, todas as formas de impressões, tendências e disposições implantadas na psique da pessoa pelos estados ilusórios, devem ser removidas. Portanto, há três estágios distintos no processo evolucionário para a plena iluminação.

Meditação

Vamos fazer uma pausa para uma meditação silenciosa. Durante as últimas sessões, vocês podem ter sentido alegria ou felicidade, uma experiência agradável. Alguns de vocês podem ter se sentido cansados, exaustos. Por isso, vamos agora tentar focalizar e examinar o que é esse "eu" ou "ego" que experimentou a alegria. Vamos concentrar nossa atenção nisso e procurá-lo.

O que é indubitável é que não existe fora do nosso corpo e mente. E entre os dois, corpo e mente, é evidente que o corpo não pode ser visto como o "ego". Os sentimentos também não são o ego, porque em nossa noção ordinária do ego dizemos "Eu sinto", como se houvesse um agente, como se houvesse um "sensor" e um sentimento. Também não se pode identificar a percepção como o ego, porque também dizemos "Eu percebo", indicando que há um ato de percepção e alguém que percebe. Portanto, a percepção não pode ser identificada como o "ego" ou a pessoa.

Se nos fosse concedida a opção de trocar nossa mente por outra mais perfeita, clara e consciente, a maioria das pessoas estaria disposta a fazer isso. Também sentimos assim em relação a nosso corpo; se houvesse alguma possibilidade de trocá-lo por outro muito mais desejável e atraente... Embora a tecnologia médica não nos permita realizar transplantes de cérebro, há uma espécie de disposição; se fosse possível, gostaríamos de trocar.

O que isso demonstra é que a maneira como naturalmente nos percebemos, a maneira como o senso do "ego" surge, é de que existe algo que é o agente, ou o sujeito, que experimenta e percebe. Os agregados são, num certo sentido, algo possuído pelo "ego", ou algo que faz parte do "ego".

Da mesma forma, quando você sente intensa raiva ou ódio, há um forte senso do "eu": "Eu estou com raiva." Quando o ódio e a raiva são dirigidos, por exemplo, para seu inimigo, você tem a idéia de uma pessoa sólida e concreta, que é cem por cento negativa, ou cem por cento positiva, dependendo de como você se sente. Ou seja, se a pessoa, o objeto de nossa raiva e ódio, existisse da maneira como percebemos, então qualquer qualidade que projetemos para essa pessoa deve ser parte da realidade. Isso significa que o objeto de nossa raiva e ódio permanecerá cem por cento negativo, não havendo margem para qualquer mudança. Mas não é o que acontece.

Portanto, para a nossa mente natural, ingênua, tudo nos parece como uma entidade independente, sólida, objetiva, com uma posição objetiva... como se tivesse uma existência objetiva e independente. Mas se coisas e eventos existissem da maneira como os percebemos, então quanto mais os examinássemos, mais claros deveriam se tornar. Mas o que é bastante claro é que quando começamos a examiná-los, eles parecem se desintegrar e desaparecer.

Até mesmo em termos científicos modernos, os físicos, em sua busca de compreensão da natureza da realidade física, alcançaram um estágio em que perderam o conceito de matéria sólida; não conseguem encontrar a identidade real da matéria. Por isso, estão começando a considerar as coisas em termos mais holísticos, em termos de inter-relacionamentos, em vez de objetos separados, independentes e concretos.

Se coisas e eventos existissem como os percebemos, possuindo alguma espécie de posição independente, como identidades separadas e concretas, então, quando os examinássemos, quando procurássemos pelos verdadeiros referentes por trás dos termos, eles deveriam se tornar mais e mais claros. Não é o que acontece. No momento em que começamos a examiná-los, o conceito parece se desintegrar e desaparecer. O que isso indica não é que as coisas e eventos não existem. Porque o fato de que existem é muito real, a experiência nos diz que os eventos fazem diferença: por causa de diferentes eventos, sofremos dor ou experimentamos prazer e alegria. A realidade dos fenômenos é tanta que nossa experiência a confirma. Portanto, a conclusão que podemos extrair é a de que há uma disparidade entre a maneira como percebemos as coisas e a maneira como as coisas e eventos de fato existem. Há uma disparidade entre nossa percepção e a realidade; em outras palavras, entre aparência e realidade. Portanto, depois que adquirimos alguma noção dessa disparidade, devemos tê-la sempre na mente e julgar como normalmente nos relacionamos com o mundo e com os outros — como percebemos as pessoas, o ambiente ao nosso redor e a nós mesmos. Nessa análise, constatamos que tendemos a relacionar o mundo, nós mesmos e os outros de uma maneira que indica que acreditamos haver alguma coisa independente e objetiva. Compreendemos então que não é assim que as coisas existem. As coisas não existem da maneira como nos parecem. Depois, ponha seu foco na conclusão de que as coisas não existem de uma forma inerente e intrínseca, que não desfrutam da situação independente que percebemos.

Como existem, qual é a maneira pela qual existem? Qual é a situação de sua existência? Somos obrigados a concluir que só podemos compreender a existência e identidade em termos de inter-relacionamentos: alguma coisa que é derivada através da interação com outras e na dependência de outros fatores, rótulos e designações que impomos à realidade. Concentre-se então na conclusão de que as coisas não existem de forma independente e inerente, não possuem realidade intrínseca ou identidade intrínseca. É isso o que significa meditar sobre o vazio.

Portanto, quanto meditamos sobre o vazio não estamos pensando, "Isto é o vazio"; em vez disso, estamos pensando, "As coisas não existem dessa maneira, podem existir de outra maneira". Não deve haver qualquer tentativa de afirmar alguma coisa. O que deve haver é um simples foco da mente na conclusão de que as coisas e eventos carecem de realidade independente ou intrínseca, que não é a mesma coisa que situar a mente na vacuidade total ou mera ausência. Em vez disso, concentra-se a mente na ausência de existência independente e realidade intrínseca.

Glossário

As explicações neste glossário foram extraídas de A Handbook of Tibetan Culture, *compilado pela Orient Foundation e editado por Graham Coleman (Boston: Shambhala, 1994). Para mais detalhes sobre termos técnicos, consulte por favor essa obra.*

Abhidharma (sânscrito) Uma das três divisões do cânon budista (Tripitaka, ou "Três Cestos"), contendo escrituras que lidam com assuntos como fenomenologia, psicologia, conhecimento e cosmologia.

agregados (sânscrito, *skandha*) As cinco principais faculdades que constituem um ser senciente: forma, sentimento, percepção/discriminação, condicionamento/fatores motivacionais e consciência.

Arhat (sânscrito) Um ser que alcançou a liberação do ciclo de existência, eliminando as tendências kármicas e emoções aflitivas que dão origem à existência compulsiva num ciclo de nascimento, morte e renascimento. O objetivo a que aspiram os praticantes da Hinayana.

bindus (sânscrito) Literalmente, "gotas", referindo-se à essência pura dos fluidos generativos ou seminais do corpo, branco/masculino e vermelho/feminino, que formam, junto com os canais de energia e correntes de ar que passam por eles, um importante aspecto da fisiologia humana, segundo os tantras e a teoria médica budista.

bodhichitta (sânscrito) A aspiração altruísta de alcançar a plena iluminação a fim de beneficiar todos os seres.

Bodhisattva (sânscrito) Um aprendiz espiritual que gerou a mente altruísta de bodhichitta e está no caminho da plena iluminação. Dedicados a promover o bem-estar de todos os seres sencientes, os Bodhisattvas assumem o voto de permanecer dentro do ciclo de existência para ajudarem os seres, em vez de procurarem a liberação só para si.

cessação *Ver* Quatro Nobres Verdades

chakra (sânscrito) Literalmente, "roda" ou "círculo". No contexto do tantrismo, refere-se aos centros de energia no corpo humano. Os chakras principais seriam localizadas no alto da cabeça, garganta, coração, umbigo e órgão sexual.

Chandrakirti O estudioso budista indiano do século VI que esclareceu a apresentação da filosofia do Caminho do Meio de Nagarjuna.

Chittamatra (sânscrito) Uma das quatro principais escolas filosóficas budistas da antiga Índia. Fundada no século IV pelo estudioso e homem santo indiano Asanga, seu principal postulado é de que todos os fenômenos são, na verdade, eventos mentais ou extensões da mente. Muitas vezes traduzido como "escola da Mente-Apenas".

Dharma (sânscrito) Um termo com uma ampla variedade de usos. Em contextos doutrinários, refere-se às compreensões dos Budas tanto do estado de cessação e os caminhos que levam a isso, quanto da transmissão de textos autorizados e sua tradição de comentários orais, indicando o caminho para o estado búdico.

dharmakaya (sânscrito) *Ver* três kayas

Dharmakirti O filósofo e lógico indiano do século VI-VII, cujas obras formam a base para o estudo da lógica e epistemologia na tradição budista tibetana.

Duas Verdades A verdade convencional ou relativa (aparências) e a suprema verdade (vazio). Todas as escolas filosóficas budistas formulam sua metafísica dentro da estrutura das duas verdades, mas suas definições a respeito diferem de acordo com as diferentes interpretações epistemológicas.

Dzogchen (tibetano) Literalmente, "Grande Perfeição" ou "Grande Acabamento". O mais elevado sistema de prática dentro da tradição Nyingma do budismo tibetano.

escola Vaibhashika Uma das quatro principais escolas filosóficas budistas da antiga Índia.

Hinayana Literalmente, o veículo "Inferior" ou "Menor", assim chamado com base na motivação primária do praticante, que é para a liberação individual de toda a existência cíclica, em oposição ao "Veículo Maior", que é a motivação de liberar todos os seres sencientes. *Ver* Mahayana.

Histórias de *Jataka* Histórias das vidas passadas do Buda, que constituem uma das doze divisões tradicionais dos discursos do

Buda. Ilustram como, em vidas anteriores, o Buda dedicou-se ao modo de vida do Bodhisattva.

ilusões (sânscrito, *klesa*; tibetano, *nyon mongs*) aflições psicológicas que perturbam a mente e bloqueiam a expressão de sua natureza essencialmente pura. As três aflições primárias, ou "três venenos", são a ganância/fixação, ódio/aversão e ilusão, ou ignorância fundamental, que percebe da maneira errada a natureza da realidade.

Tantra Ioga Superior (sânscrito, *anuttarayogatantra*) A mais elevada das quatro classes de tantra, diferenciadas pela ênfase que cada uma atribui a práticas externas, visualização, práticas internas de ioga e técnicas para manifestar as três kayas.

Kadampa (tibetano) Seguidores da escola Kadam do budismo tibetano, fundada pelo estudioso e homem santo indiano do século XX Atisha e por seu discípulo tibetano Dromtonpa. A escola é conhecida por sua ênfase na aplicação prática dos ideais do Bodhisattva. Foi responsável pelo desenvolvimento de uma compilação de estudos e práticas conhecida como "*lojong*" — "treinamento da mente" ou "transformação de pensamento".

karma (sânscrito) Literalmente, "ações". Ações físicas, verbais e mentais e as impressões psicológicas e tendências criadas dentro da mente por essas ações, que permanecem dentro do contínuo mental, através de sucessivos renascimentos. Esse potencial kármico é ativado mais tarde, quando ocorrem as circunstâncias e condições apropriadas. A doutrina do karma tem duas características principais: (1) a pessoa nunca experimenta as conseqüências de uma ação que não foi cometida; e (2) o potencial de uma ação, depois de cometida, nunca se perde, a menos que seja prevenido por remédios específicos.

Madhyamika (sânscrito) A mais influente das quatro principais escolas filosóficas do budismo indiano. Seu nome significa, literalmente, "Caminho do Meio", entre os extremos do eternalismo e do niilismo. Prasangika Madhyamika é uma das duas principais subescolas da Madhyamika.

Mahamudra (sânscrito) Literalmente "Grande Sinete", é definido de maneiras diferentes, de acordo com as explicações sutra ou tantra. Como uma técnica de meditação, aplica o shamatha e o vipashyana, ao mesmo tempo em que focaliza a natureza da mente do meditador. A meditação Mahamudra é encontrada nas escolas Kagyu e Gelug do budismo tibetano.

Mahayana (sânscrito) Um dos dois principais sistemas ou veículos do budismo, o outro sendo conhecido como *Hinayana*. Em termos de motivação, enfatiza o altruísmo. Tem como objetivo a liberação de todos os seres. Por isso, é chamado de "Grande Veículo".

Maitreya Um dos oito discípulos bodhisattvas do Buda Shakyamuni, a quem são atribuídos cinco grandes obras, fundamentais para a escola Chittamatra de filosofia indiana.

Nagarjuna O fundador da escola Madhyamika de pensamento budista, no século II.

nirvana (sânscrito) Literalmente, o "estado além do pesar". Refere-se à cessação permanente de todo sofrimento e emoções dissonantes que causam e perpetuam o sofrimento.

Nyingma (tibetano) A mais antiga escola do budismo tibetano, baseada nas tradições e textos de ensino introduzidos no Tibet durante os séculos VIII e IX.

Prasangika Madhyamika *Ver* Madhyamika

pratyekabuddha (sânscrito) Às vezes traduzido no Ocidente como "realizador solitário", indica aquele que alcança o estado de liberação sem depender da instrução verbal. *Ver* também shravaka.

Quatro Nobres Verdades A verdade do sofrimento, a verdade das origens do sofrimento, a verdade da cessação do sofrimento e a verdade do caminho levando à cessação do sofrimento. O ensinamento sobre as Quatro Nobres Verdades foi a base do primeiro discurso público do Buda Shakyamuni depois de sua iluminação.

Rendawa (tibetano, Red mda'ba) Um grande mestre do século XV, da escola Sakya do budismo tibetano. Foi um dos principais mestres de Tsongkhapa, o fundador da escola Gelug.

rupakaya (sânscrito) "Forma do corpo", no Budismo Mahayana, usado para se referir tanto a sambhogakaya (corpo de prazer) quanto a nirmanakaya (corpo de emanação). *Ver também* três kayas.

Sakya Pandita Kunga Gyaltsen (1182-1251) Um dos cinco grandes fundadores da escola Sakya do budismo tibetano.

samsara (sânscrito) "Existência cíclica", um estado de existência condicionado por tendências e impressões kármicas de ações passadas — padrões recorrentes habituais — o que é caracterizado por um ciclo de vida e morte e sofrimento.

sangha (sânscrito) A comunidade espiritual de praticantes ordenados, monges e monjas. Quando considerada como um objetivo de refúgio no contexto das três jóias preciosas, é uma assembléia sublime e de alta realização daqueles que adquiriram uma percepção direta sobre a verdadeira natureza da realidade, o vazio. Neste caso, é representada pela comunidade monástica.

seis perfeições As seis práticas que formam a base do modo de vida *bodhisattva*: (1) generosidade; (2) disciplina ética; (3) paciência; (4) perseverança ou esforço alegre; (5) concentração meditativa; e (6) percepção discriminativa ou sabedoria.

shamatha (sânscrito) Um estado de meditação caracterizado pela estabilização da atenção num objeto interno de observação. Além disso, o shamatha é caracterizado pela flexibilidade da mente e do corpo, e pela acalmação das distrações externas da mente. Também chamado de "permanência da calma".

shravaka (sânscrito) "Ouvinte", referindo-se aos textos da literatura budista, baseados nos sutras, para um dos três tipos de aprendiz espiritual. Os outros são o *pratyekabuddha* e o *bodhisattva*. Inclinados a procurarem apenas a própria liberação da existência cíclica, os shravakas dependem das instruções verbais e visam, em sua prática, a eliminar a convicção equivocada numa identidade pessoal.

shunyata (sânscrito) Traduzido no Ocidente como "vazio", refere-se à suprema natureza da realidade, que é a total ausência de existência e auto-identidade inerentes em relação a todos os fenômenos. O significado preciso varia de acordo com as diferentes escolas de postulados filosóficos.

sutra (sânscrito) Os discursos originais ensinados publicamente pelo Buda Shakyamuni.

Sutrayana (sânscrito) No Budismo Mahayana, todo o caminho para a luz é apresentado dentro da estrutura de dois sistemas ou veículos principais, o Sutrayana e o Tantrayana. O Sutrayana inclui os sistemas e práticas baseados nos sutras.

tantra (sânscrito) Literalmente, "contínuo". O tantra tem dois significados básicos no budismo: refere-se aos sistemas de prática e à literatura que expõem essas práticas. Os tantras apresentam técnicas sofisticadas, que permitem ao praticante transformar emoções dissonantes em estados de realização bem-aventurados. Esses ensinamentos teriam sido dados pelo Buda Shakyamuni enquanto aparecia sob a forma de divindades meditativas esotéricas.

Tantras Mães Uma classificação dentro da Tantra Ioga Superior, incluindo os tantras que atribuem maior ênfase às iogas associadas com a realização da mente de luz clara.

Tantras Pais Uma classificação dentro da Tantra Ioga Superior, incluindo os tantras que atribuem maior ênfase às iogas associadas com meios habilidosos e a realização do corpo ilusório.

Tantrayana (sânscrito) Uma divisão do Budismo Mahayana, baseada nos textos tântricos. Também conhecida como Vajrayana e Mantrayana.

Tathagata (sânscrito) Um sinônimo para Buda, usado com freqüência nos sutras. "Tatha" significa literalmente "assim", enquanto "gata" é "ido", ou "partido". A palavra é interpretada de diferentes maneiras, correspondentes às diferentes classes dos sutras e tantras do Mahayana.

Theravada (sânscrito) O "caminho indicado pelos antepassados", a escola sobrevivente do antigo Budismo Hinayana indiano, mantida principalmente na Tailândia, Birmânia, Camboja e Sri Lanka. Seu cânon ainda existe na língua páli.

três jóias O Buda, ou a expressão da suprema natureza; o Dharma, o verdadeiro caminho e os estados conseqüentes de liberdade a que leva; e o Sangha, a comunidade espiritual ideal. São consideradas como os objetos perfeitos em que se pode procurar refúgio da natureza insatisfatória da vida na existência cíclica.

três kayas Os "três corpos" de um Buda, usados neste contexto para se referir não apenas ao corpo físico de um Buda, mas também às dimensões diferentes em que ocorrem a personificação dos atributos do plenamente iluminado. São o dharmakaya (corpo de verdade), sambhogakaya (corpo de prazer) e nirmanakaya (corpo de emanação).

três venenos *Ver* ilusões.

tong-len (tibetano, *gtong len*) "Dar e receber." Uma prática Mahayana em que a pessoa visualiza dar felicidade aos outros e receber o sofrimento, infelicidade e infortúnios dos outros. Essa prática visa a desenvolver generosidade e compaixão.

vazio *Ver* shunyata

Vinaya (sânscrito) Literalmente, "disciplina", referindo-se em geral aos códigos de conduta ética que regulam a vida de monges e monjas ordenados. Também se refere à divisão do cânon budista que contém os discursos do Buda sobre a disciplina.

Vipashyana (sânscrito) "Percepção penetrante", um estado meditativo analítico que penetra na natureza, características ou funções do objeto de meditação escolhido, sendo gerado com base no shamatha.

Yogachara (sânscrito) Neste contexto, um sinônimo para *Chittamatra.*

Obras Citadas

SUTRAS

"O Pratimoksha Sutra" *Prātimoksa-sūtra*

"O Sutra da Muda de Arroz" *Śālistamba-sūtra*

TRATADOS DE COMENTARISTAS INDIANOS

Âryadeva

"Quatrocentos Versículos" *Catuhśataka*

Asanga

"Compêndio de Conhecimento" *Abhidharmasamuccaya*

Chandrakirti

"Ingresso no Caminho do Meio" *Madhyamakāvatāra*

Dharmakirti

"Exposição de Meios Válidos Para a Cognição" *Pramānavārttika*

Gunaprabhā

"Vinaya Sutra" *Vinayasutra*

Maitreya

"Ornamentos de Percepções Claras" *Abhisamayālamkāra*

"Ornamentos das Escrituras" *Mahāyānasūtralamkāra*

"Sublime Contínuo" *Uttaratantra*

Shantideva

"Guia para o Modo de Vida do Bodhisattva" *Bodhisattvacaryāvatāra*

"Compêndio de Feitos" *Śiksāsamuccaya*

Leituras Recomendadas

Dalai Lama. *A Flash of Lightning in the Dark of Night*. Boston: Shambhala, 1994.

— *Kindness, Clarity, and Insight*. Ithaca, Nova York: Snow Lion Publications, 1984.

— *The Path to Bliss*. Ithaca, Nova York: Snow Lion Publications, 1991.

— *The World of Tibetan Buddhism*. Boston: Wisdom Publications, 1995. (Ed. bras.: *O budismo tibetano*. São Paulo: Presença)

Hopkins, Jeffrey. *Emptiness Yoga*. Ithaca, Nova York: Snow Lion Publications, 1987.

Garfield, Jay. *The Fundamental Wisdom of the Middle Way*. Nova York: Oxford University Press, 1995.

Khyentse, Dilgo. *Enlightened Courage*. Ithaca, Nova York: Snow Lion Publications, 1993.

Piburn, Sidney, ed. *The Dalai Lama: A Policy of Kindness*. Ithaca, Nova York: Snow Lion Publications, 1990.

Powers, John. *Introduction to Tibetan Buddhism*. Ithaca, Nova York: Snow Lion Publications, 1995.

Rinchen, Geshe Sonam. *The Thirty-seven Practices of Bodhisattvas*. Traduzido para o inglês e editado por Ruth Sonam. Ithaca, Nova York: Snow Lion Publications, 1997.

Shantideva. *A Guide to the Bodhisattva's Way of Life*. Traduzido para o inglês por Stephen Batchelor. Dharamsala, Índia: Biblioteca de Obras e Arquivos Tibetanos, 1979.

Impressão e acabamento:
GRÁFICA PAYM
Tel. (011) 4392-3344

Outras maneiras fáceis de receber informações sobre nossos lançamentos e ficar atualizado.

- ligue grátis: **0800-265340** (2ª a 6ª feira, das 8:00 h às 18:30 h)
- preencha o cupom e envie pelos correios (o selo será pago pela editora)
- ou mande um e-mail para: **info@campus.com.br**

EDITORA CAMPUS

Nome: ______________________

Escolaridade: ______________________

Endereço residencial: ______________________

Bairro: ____________ Cidade: ____________ Estado: ____________

CEP: ____________ Tel.: ____________ Fax: ____________

Empresa: ______________________

CPF/CGC: ______________________

Costuma comprar livros através de: ❑ Livrarias ❑ Feiras e eventos ❑ Mala direta ❑ Internet

Sua área de interesse é:

❑ **LIVROS-TEXTO**
- ❑ Administração
- ❑ Informática
- ❑ Economia
- ❑ Comunicação
- ❑ História
- ❑ Ciência Política
- ❑ Engenharia
- ❑ Estatística
- ❑ Física
- ❑ Turismo

❑ **NEGÓCIOS**

❑ **INTERESSE GERAL**
- ❑ Referência
- ❑ Não Ficção
- ❑ Qualidade de Vida

❑ **INFORMÁTICA**
Nível
- ❑ Iniciante
- ❑ Intermediário
- ❑ Avançado

EDITORA CAMPUS

ISR-52-0085/86
UP-ACPRES.VARGAS
DR/RJ

CARTÃO RESPOSTA
Não é necessário selar

O selo será pago por
Editora Campus

20299-999 - Rio de Janeiro - RJ

PAPEL
CHAMOIS-FINE

Este livro foi impresso em papel Chamois Fine Dunas 80g/m^2,
produzido pela Ripasa S/A Celulose e Papel,
a partir de eucaliptos plantados em seus parques florestais.